Reflexiones de una Unicornio

Reflexiones de una Unicornio

Zayra Abascal Múgica

ISBN: 9781981091669
www.zayra.es
hola@zayra.es

A quien me enseñó las emociones
Que, aunque no son ecuaciones,
Son las mismas en todas las naciones,
Son como letras para las canciones.

Debemos escucharnos, pararnos,
Debemos llorar nuestros sentimientos
Gritar nuestros miedos a los cuatro vientos
Y vivir despacio los momentos.

Se lo dedico a mis tres tesoros
Que comparten conmigo esta locura,
Mi marido Borja
Mis dos hijos Paula y Martin.

GRACIAS

Prólogo

Mamá, mi sueño es volar sobre un unicornio, porque los Unicornios existen ¿Verdad, mami?

Estas palabras resonaron en mi mente por unos segundos, y al instante los tres nos reímos sobre la hierba.
Además, mamá, me gustaría que fuese un unicornio Rosa y con pelo rubio como tú.
Aquella conversación quedó allí, un día de invierno. Mis hijos sin quererlo habían sembrado la semilla de este libro.
Las estaciones pasaron, y entonces yo les pregunté a mis hijos, como les gustaría llamar al libro que mamá quería escribir.
Ellos dijeron que les gustaría que estuvieran las palabras magia y unicornio, y por eso, le llamamos:

"Reflexiones de una Unicornio, un libro lleno de magia".

Este libro es un conjunto de sentimientos que se han vuelto versos, prosas, reflexiones, un poco de locura en general, no lo puedo ocultar.
Albert Einstein ya dijo: "La Creatividad es la inteligencia divirtiéndose" y creo que es una de las frases que ha marcado mi vida.
Nuestra imaginación, nuestro poder de dar vida a las ideas es la magia que todos tenemos dentro, que a cada uno le hace único y diferente.

Para mí, las letras, los versos, la prosa y las frases son una manera de expresión, de crear mi propio mundo donde los Unicornios si existen.
Nuestra esencia nos guía en el camino, y aunque muchas veces no nos sentimos conectados con nosotros mismos, en el momento en que lo conseguimos, nos sentimos ligeros, tan libres que volamos.
Todas estas emociones son las que he querido reflejar en estas hojas, desnudando mi alma para hacer este regalo a mis hijos.
Alguna de las páginas de este libro se empezaron a escribir hace más de 20 años, pero se guardaron en un cajón porque no era el momento de que vieran la luz.
Tras un periodo en mi vida de "desorden", reordené mis ideas y también mis papeles entre otras muchas cosas, donde entran valores, creencias y prioridades.
Los momentos de crisis son esenciales, pues cuando todo está desordenado, solo te quedan dos posibilidades. O seguir en esa desesperación y perderte, o volverte a encontrar, a recomponer tus pedacitos y volver a pegar tu rompecabezas.
A veces no sabes ni tu misma como se vuelven a unir los trozos que tú misma guardabas bajo llave. Esto conlleva un proceso de "**desaprender**" que ha sido fundamental para poder encontrar mi mapa y explorar las sombras para llevarlas a la luz.

En este viaje, desempolvé aquellos escritos de juventud y comencé mi cuaderno de bitácora para guiarme en mi nueva vida.

Este libro es para mí, más que un conjunto de letras, versos e ideas aderezadas con magia o locura (como se quiera ver), es para mí un grito azul de un unicornio rosa que ha soltado capas para poder **volar libre**.

Lo he estructurado en 4 partes que son:

- **Sentimientos**: Emociones que expreso en versos.
- **Pensamientos**: Ideas que dan vueltas en mi cabeza.
- **Crecimiento**: Despertando del sueño.
- **Entrenamiento**: Un ejercicio…¡que va de cine¡

-Mamá, entonces… ¿Los Unicornios existen?

-Claro hijos, vosotros podéis crearlos, sois los dueños de vuestra mente, sois creadores de Magia.

SENTIMIENTOS

Emociones que expresan versos

La ilusión y la pasión son semillas para tu felicidad

Aprender a desaprender

Cuando parece que los sabes todo,
Cuando parece que tienes todo el oro,
Cuando parece que no ves el fondo
Sientes en tu **alma** un roto

Ese roto suena como un trueno,
Como si tu alma ya no tuviera dueño.
Vives un profundo **duelo**,
Parece que no hay consuelo

Respiras, pero no existe aire.
Lloras, pero no lo sabe nadie
Comienza un baile de **emociones**
Que no conceden mociones

Encarcelas tus pensamientos,
Desordenas tus **sentimientos**
Ya no encuentras el aliento
Todo parece un desacierto

Oyes, pero no escuchas
Miras, pero con dudas
Sientes con mucha **culpa**.
Esa vida no es la tuya

Has entrado en un **teatro**
donde todo parece macabro,

crees que estás en el escenario
pero estás en el patio sentado.

¿Pero qué estoy haciendo?
Te preguntas **riendo**.
Es que acaso estoy huyendo,
Que quiero salir corriendo

Siento que estoy **atrapada**
Sola y acorralada
La salida esta tapiada
Parece que está cerrada

Buscas alguna ventana
Donde puedas ver el mañana
Ya no vives en el **presente**.
Solo quieres estar ausente

Pero un día de repente
Alguien te enseña un puente
Que conecta en tu mente
Que **despierta** tu inconsciente

Cruzas la calle de los **miedos**
Dejas atrás el infierno
Parece que ya no es invierno
Que tu poder es eterno

Desaprendes lo aprendido.
Eres nuevo en el camino
Te sientes aún más **vivo**,

No estás solo, estás contigo.

Tus ojos ahora miran.
Eliges soltar y **confiar**.
Te has quitado un peso de encima
Ahora has subido a tu propia cima

El odio da paso al amor
El miedo al valor
Ahora no existe dolor
Has aprendido la **lección**.

Has vuelto a escribir el guion
Para el teatro de la vida.
Ahora te guía la **intuición**
Y la mejor de tus sonrisas.
Cuando te vayas a dormir
Das gracias por poder decir:
"Me confundí, pero aprendí"

Dar es mejor que recibir,
lo más importante es ser **feliz**

Cree en ti,
Confía en ti,
Sé feliz

Y si la Felicidad...

¿Y si la felicidad no fuera cuestión de buscar?
¿Y si la felicidad no fuera cuestión de encontrar?
¿Y si la felicidad estuviera en respirar?
¿Y si la felicidad fuera volver a **conectar**?

La felicidad es un cuento con un solo final
¿O es acaso el cuento de saber amar?
Quizás, a veces, nos cuentan un cuento
Donde la felicidad fuese algo que anhelar.

Nunca la felicidad fue cosa de sumar
Pero tampoco parece que de restar,
Dividir o multiplicar la solución nos da.
La ecuación de la Felicidad
Siempre empieza por tu verdad
Que nadie venga a ti
Sin irse mejor y más feliz.

Abre la caja de tus miedos,
La desesperanza, la tristeza.
No dejes que tu luz
Se pierda en la maleza.
Escucha la música de tu **alma**,
Por ahí la felicidad empieza.

Vive contigo en paz,
Alcanza la serenidad,

Escucha tu verdad,
Ríe hasta enamorar
¿Ya sabes que es la felicidad?

La felicidad es ser, no estar,
No es pedir, es dar,
No es tener, es ser,
No es ayer, es hoy,
No es mañana, es ahora,
No es buscar, es encontrar,
No es descubrir, es disfrutar,
No es herir, es perdonar,
No es hablar, es escuchar,
No es herir, es amar.
¿Ya sabes lo que es la felicidad?

La felicidad es saber que estás en tu camino
Es vivir agradecido,

¡LA FELICIDAD EMPIEZA CONTIGO!

¿Es el tiempo quien mece la pluma que empuja el viento?

Hace tiempo que hablé con el tiempo.
Le dije que no tenía tiempo.
Que me concediera el tiempo.
Para disfrutar de mi **tiempo**.

El tiempo no me respondió.
Giró su reloj de arena.
Con una rapidez que no frena.
Solo siento que el tiempo vuela.

Mi piel es un calendario.
Donde mis lágrimas y sonrisas son los días.
Los recuerdos son las horas.
Y mi memoria los meses.
Mis cicatrices los años que yo muestro con engaños.
Los segundos son mis aliados.
Ellos mantienen mi **secreto**.
Son sesenta instantes inspirados.

¿Quién dice, ahora es de noche?
¿Quién dice, ahora es de día?
¿Quién se ha llevado mi juventud con ira?

El tiempo siempre existirá.
Nunca se extinguirá.

El tiempo siempre vivirá
para marcarnos nuestro compás.
¿Me concedes este baile? Preguntaré.

Cuando termine este verso.
El presente ya ha pasado.
No atrapes un instante.
Por vivir en él anclado.

Mira hacia delante.
El tiempo al final te espera.
Nunca frena ni acelera.
Solo camina por su vereda.

Maldito seas tiempo.
¡Bendito! Otros proclaman.
Conocemos tu inesperada fama,
Desconocemos tu esperada calma.

Tic, tac, tic, tac… ¿Lo escuchas?
¡Lo sientes, lo oyes, lo **palpas**!
No tengas miedo.
Tus estrofas ya tienen pentagramas.
Están dibujadas en el **alma**.

La Felicidad nace de tus pensamientos positivos

Siente el cambio

¿Y si tu corazón pensara y tu mente sintiera?
¿Y si la verdad de tu amanecer se diluyera en tu atardecer?

Abre tu energía al **despertar**.
Resuelve tu enigma interior.
Descubre tu propia identidad.

Siéntete único y especial.
Siéntete uno con el todo.
Siente que tu cuerpo vibra.
Escucha a tu alma libre.

Ayuda, ama, confía.
Comparte tu abundancia.
Prescinde de la arrogancia.
Y vive con enérgica constancia.

No juegues a lo semejante.
Ni de la crítica formes parte.
Enfréntate a la **culpa**
Perdónate frente a tu tumba.

Hoy es el día, abraza el ahora.
El presente olvidó tu ayer.

En tu mente no existe mañana.
Disfruta cada segundo con calma.

Vive, vive y vive.
Regala brillo en tu mirada.

Que tu ilusión no queda callada.
Cuestiona tus creencias apagadas.
Baila, canta, ríe, disfruta.
Confía en tu propia **magia**.
Verás que tu felicidad contagia.
Y a tu vida llega la abundancia.

¿Qué necesitas para ser **feliz**?
Escucha tu voz interior.
Abre la puerta de tu jardín.
Siente cada día tu raíz.
Reparte tu aroma con amor.

Hablando con el corazón en verso

Acaricio sus cabellos, antaño llenos de vida
Los atuso, los cepillo cual finos hilos de oro,
Suavidad extrema que hiere las yemas de mis dedos.
Mis lágrimas se deslizan delicadamente, eternamente,
Mojando cada hebra inerte, antaño llena de vida

Ayer fue un suspiro de amor.
Ayer fue una vida con aristas de **marfil**.
Ayer fue una rosa empapada en rocío temprano.
Ayer fue un mañana que nunca más regresará.

Miro su carnosa boca, seca y callada jugosidad
Silencio vacío, eco muerto de vivas palabras.
Tu risa, la banda sonora de nuestras vidas,
Fresca, sutil, miscelánea de sonidos,
Retumban en mi corazón, tornándose llanto.

¿Acaso no escuchas el lamento de mi alma?
Alma que grita tu nombre en silencio, delicadamente,
Esperando minutos disfrazados de eternidad.
Esperando una vida como agua que calme mi sed.

Encontrando un espejismo de aliento, de vida
Recorro tu rostro con mis manos
Necesito recordar cada poro de tu **piel**,
Nacarada, delicada, de jazmines perfumada
Ironía de frescura, palidez dibujada.

¿Cómo puedo descubrir la magia de la vida?

Es tan fácil apagar una vela con sollozos,
Es tan fácil que el otoño desnude los robles,
Es tan fácil que la luna baile con el mar,

¿Por qué es tan difícil decirte adiós?.
Me quemo con el frío de tus manos
Me ciego con tu alianza.
Un minuto para recorrer mis labios
Una vida para recordar tu calor.

El último verano en mi corazón
Última melodía de amor recorriendo mi cuerpo.
Preludio delirante de una despedida,
Agonía que retumba en mi mente.

Ya escucho el ensordecedor silencio.
Llega el momento de arrancar mi **ADIOS**.

ADIOS a tu dulzura envuelta en papel efímero
ADIOS a la esperanza tornada amargor,
ADIOS a dos cuerpos unidos en el fuego del amor.
Bienvenida la locura de sentir que tu barco zozobra,
Un remo incierto que viaja a la deriva en un océano,
Océano infinito de mi último te quiero

Los miedos nos alejan de la Felicidad

Tu letra

Existe en tu vida una canción
Que siempre suena en tu interior,
Palpitando al ritmo del amor,
Poniendo en tu vida color.

Es la melodía de la vida
Que en ti suena día a día,
Que te transmite alegría,
Que vibras con su **energía**.

No existe letra para tu canción,
Solo debes entender su son,
Tu cuerpo bailará con pasión
Escuchando el silencio de su voz.

Siente en tu vida esta canción
Creada con latidos de tu corazón,
Inspirada en acordes de tu alma
Que tu cuerpo al ritmo danza.

Poesía es…

Poesía es la magia ígnea del amanecer
rompiendo entre transparentes nubes de cristal.

Poesía es el furioso manto de las olas
rompiendo espumoso sobre las rocas.

Poesía es sentir las lágrimas del cielo
resbalando por tu piel.

Poesía es cerrar los ojos
y abrir el corazón al susurro del viento primaveral.

Poesía es sentirse ínfimo
ante la grandiosidad del vasto mar.

Poesía es el resplandor
de una perla pura que mira al sol.

Poesía es dejarse acariciar
por los frescos brazos de un campo en flor.

Poesía es la huella de un barco
en las lejanas entrañas del mar.

Poesía es el baile de una concha
ante el ritmo de una ola.

Poesía es amor, ternura,
son los besos de una persona querida.

Poesía es el aullido de un lobo
en noche oscura de plenilunio.

Poesía son los soldados de madera
que custodian la arboleda.

Poesía es un conjunto de blancas perlas
que se abren en sonrisa.

Poesía es la ira del furioso mar,
la calma del templado río.

Poesía es navegar a la deriva
en el confuso mar de la vida.

Poesía es el baile de unos peces
en la garganta del mar.

Poesía es la llegada de una ola
para morir en nuestras manos.

Poesía es la música del viento,
es la canción de la vida.

Poesía es la herida de un acantilado
cuyas lágrimas le inundan.

Poesía es la fragancia de una rosa

abriendo sus entrañas a la vida.

Poesía son las continuas miradas
de un girasol al astro de la vida.

Poesía es la silueta
de una mujer desnuda.

Poesía es la muerte
de un río para llegar a la mar.

Poesía es la fragancia
de los campos en época primaveral.

Poesía es dejar tu rastro
en la arena y borrarse por el mar.

Poesía es la cascada de luz
que surge en el manto negro de Santiago.

Poesía es advertir el silencio
tornándose canción en un corazón enamorado.

Poesía es el ritmo de una potente luz
guiando los huéspedes del mar.

Poesía es volar al profundo cielo
y tocar las sedosas nubes de algodón.

Poesía es observar la mirada
de un inocente ser, diáfana, pura.

La Felicidad vive en la palabra Gracias

Romance de un sueño

¡Regresa a mí el carmín de tus **labios**!
tu dulce melodía me estremece
entre la sonrisa de tus perlas.
¡Regresa a mí el carmín de tus labios!,
protagonista de mis dulces sueños,
dulce de tu jugosa sonrisa.

¡Muérame ante el carmín de tus labios!
alegremente, gozosamente,
en el constante fulgor de tu sonrisa.
Si de tu corazón brotan palabras,
un suspiro me asalta el cuerpo.
Son saetas impregnadas de tu amor.

Saetas llenas de mortal **veneno**,
el primer dulce sabor de tu pasión
último sabor amargo de tu olvido.
Golpee tu sedosa cabellera
la lívida alma de mi pensamiento
hasta que el carmín fuego se apague.

Desvanézcase la magia de tu cuerpo
En la magia del fuego de tus labios
En la magia del oro de tu pelo.

.

Antes, después

Tus bellos brazos floridos
ya se han quedado desnudos.
El temprano ruiseñor
antes cantor, ya **mudo**.
Frescas gotas de rocío,
la belleza de tu fruto
la temprana madurez,
ya todo se torna **oscuro**.

La brava furia del mar
ha quedado en suave flujo.
Fulgor de roja **rosa**,
polvo de negro muro.
Belleza, vitalidad,
un primer verano bello,
un último invierno **crudo**.

El calor de la mirada
que en principio siempre tuvo
se torna en fría mirada
de grandes ojos de búho

La Felicidad camina junto a tu autoestima

Silueta

Tu armonioso cuerpo
es el temprano amanecer
que desde mi ventana contemplo.

El sol amaneciendo
entre las ebúrneas montañas
entre las firmes y montañas rocas.

Tu armonioso cuerpo
Moldeado de **marfil**
esculpido en perfecta y curva silueta
cual verdes senderos que abrazan montañas.

Verde joven, verde fresco, verde oro
como el oro del hilo de tu pelo
que hiere las rosas de tu cuello
tan frágiles, tan frescas.

Tu armonioso cuerpo,
torrente de belleza cautiva
que recorre tus surcos,
surcos de blanda y temprana tierra
como cascada arrolladora.

¡Quiero soñar entre tus nubes!
mullidas y suaves.

Quiero dormir entre el rocío de tu piel temprana.
¡Quiero ver tu amanecer!
Quiero ver tu atardecer y tu **anochecer**,
traspasar el muro de mi ventana
y unir nuestras almas
de armoniosos cuerpos
en perfecta armonía.

.

Despiértame

Suenan las voces del infierno,
suenan las campanas.
¡Es el **comienzo**!

Las cálidas mantas de un sueño,
son ahora, frías nevadas de invierno
que despiertan sin demora
las almas inmersas en gloria.

Primera luz cegadora,
luz perturbadora de oscuras fantasías,
son los sueños de tu vida.

Y en la profunda oscuridad
ves la estrella que te guía
convertida en simple sueño
por la primera luz del día.

El despertar,
símbolo de existencia
primer pecado del día
¡la pereza nos domina!

La Felicidad es tener paz interior

Pasiones

El amanecer nos despertó
en el lugar apartado,
en el lugar lejano,
puros, envueltos en **pecado**.

Yo llevaba tu aroma
impregnado en mi piel,
tú habías robado
la inocencia de mis ojos.

Mi cuerpo fue entregado
entre frescas azucenas marchitas.
Cada estrella de la noche,
cada suave gota de rocío
recorriendo nuestra tersa y cálida piel.

Fue testigo del amor puro,
envuelto en pecado
corazones unidos,
la unión de dos cuerpos.

Tus manos en mi seno,
la hoguera encendida de mi pecho.
Tus suaves caricias avivaban mis llamas
convertidas ya en rescoldos,
pues el amanecer nos **despertó…**

Poesía

Nuestra vida es poesía,
nuestra vida son los versos
que llenan hojas en blanco.

¡Cuántos versos sobre el mundo!
Cuantos poemas distintos.

Yo quiero ser…

Feliz verso de amor,
ser metáfora del viento,
símbolo de la alegría,
símil de la belleza,
personificación del bravo mar,
enumeración llena de vida,
exclamación de la música,
interrogación de enigma amoroso,
antítesis de la muerte.

Sorprender con mi expresión
sugerir las rimas de la vida
emocionar los vivos **corazones**

Contagia tu
Felicidad

¿Qué es la vida?

Siendo aún bastante joven
comprendo lo que es la vida.
El tiempo todo marchita
pues ella no es **infinita**.

Su inicio es el llorar,
su final el expirar
y entre ello no hay tiempo
de la vista echar atrás.

Por etapas muy distintas
en la vida hay que pasar,
unas son para vivirlas
otras para reposar.

El niño quiere jugar
sin importarle la edad.
el joven el tiempo aprovecha
sin dejar la alegría marchar.

Muchos mayores no aceptan
esa temprana **vejez**,
a otros no les importan
las arrugas en su tez.

Alguien nos limita el tiempo,
Que hace corta la vida,

por lo que hay que aprovechar
hasta el último día.

Con estos pequeños versos
pero grandes en razón,
vive siempre la vida
con alegría y **pasión**.

¡Escúchame!

¡Tú! Que desde las alturas
puedes contemplar la vida,
puedes ordenar la muerte.
¡Tú! Que desde las alturas
nos manejas como débiles **títeres sin cabeza**.

Como títeres de débil corazón.
No aprietes de la fuerte cuerda.
No nos dejes sueltos en el torcido sendero
del sufrimiento.

¡Tú! Que desde las alturas
puedes colmar de alegría al pobre
puedes consolar a la viuda
de rosario en mano y mortaja en otra.

Puedes, puedes tanto
que no sé dónde encontrarte.

¡Tú! Que desde las alturas
nos contemplas por el pequeño agujero
de la cerradura de la vida.
¡Háblanos, guíanos!

¿Acaso tu señal es el reguero de sangre de inocentes?
¡Háblanos, guíanos!
Por el espeso sendero que tapa nuestros ojos ciegos

y con vida.
Por el espeso sendero
que conduce a lugar incierto
que depara en cálidos baños de ígneas burbujas
que depara en las alturas
donde tu mano se convierte en **triunfo**.

El principio y el fin de la Felicidad sólo depende de ti.

Ya sé que es una locura… pero no he podido evitarlo…

Blanco celestial y puro
impresión de paraíso.

Orquesta de sonoros ruidos
silencio de calmados indios.

Pareces tierra de reyes,
pues tronos a pares tienes.

Lugar de paz infinita,
momento de estar a solas.

Una extraña biblioteca
momento de la lectura,

Lugar de gran descanso
sin ser hospital o morada.

No se aconsejan fragancias.
Mas son desde inglesas a chinas.

Lugar de trabajo solitario,
trabajo para dos manos.

Unas muecas de hombres chinos,

un gesto de gran alivio.

Y tiras con gracia del pergamino.
Oleos oscuros, pintas un cuadro.

Pequeñas y gruesas pinceladas
y obra maestra rechazada.

Tiras para arriba,
se cuela para abajo.
Olor extraño, olor a pino.
sales de paraíso
sin haberte percatado
de haber estado en un baño.

Tempestad

Profundidades inciertas,
entrañas colmadas de vida,
entrañas muertas en vida.
Resucitas espumoso de tu sueño,
tus almas escondidas,
tus almas dormidas,
en concierto de desgarrados truenos
que despiertan en **brava batalla**.

Furiosos destellos,
furiosos gritos de cuerpos
sepultados bajo el manto de la vida.
Profundidades de Neptuno,
el tridente de tormentas,
el tridente de asesinos remolinos.

Fuerza exaltada que muere en la orilla.
Orilla distante de los corazones muertos
de los corazones de **almas dormidas**.

No busques la aprobación de los demás para ser Feliz

Cisne

Blancas plumas de algodón
acariciando las aguas.
Eres ave misteriosa
de nenúfares en calma.
Nacaradas son tus plumas
tan frágiles como el **alba**.

Tu perfecta línea curva,
esa curva delicada,
interrogante en las aguas
se mece con elegancia.

Silencioso te deslizas
majestuoso tú nadas.
Entre agua, entre lagos,
El Pegaso de alas blancas,
la fuerza del hombre oculto
Diosa Venus disfrazada,
sensualidad y belleza.

Tu fragilidad se apaga
tu bello canto se avisa
tu muerte está ya anunciada
última danza de cisnes,
última escena **acabada**.

Los sentidos del amor con las notas del adiós

¿Oyes la música de mis ojos?
¿Ves la expresión de mi **boca**?
¿Sientes que mi alma te toca?
¿Hueles el fuego que en mi pecho se ahoga
¿Con las lágrimas que mi corazón llora?
Déjame que te regale estas notas.
Vuelve a abrirme tu piano de cola.
Grítame un susurro que haga tocar mi guitarra
Y bailemos juntos la canción de tu marcha.

Doscientos días de invierno frio,
Recuerdo lo que sufrimos,
Miradas al infinito,
Fallando a nuestro destino.
Soledad que no quisimos,
Lamento de amor mezquino.
Silba la muerte con desatino,
Dolor que ahora es mi abrigo
Tu silencio ahora es mi música
Que suena tras tu partida.
Queda el recuerdo de una herida
Que con mis lágrimas **cicatriza.**

.

No busques la aprobación de los demás para ser Feliz

Canción de cuna

Duerme mi niña bella
Duerme mi corazón
Todos los angelitos cantan esta canción

Duerme mi niña
Duerme mi amor
No le tengas miedo, contigo estoy
Duerme tranquila, duerme feliz
Que yo por siempre velo por ti

Cierra tus ojos, no llores más
Duerme tranquila
Descansa en paz
Cuando despiertes mama estará
Dándote besos, duérmete ya

Duerme **mi niña bella**
Duerme mi corazón
Todos los angelitos cantan esta canción
.

Enfermedad

Existe una enfermedad
Que mucho miedo provoca.
Incluso decir su nombre
No todo el mundo soporta.

Al cáncer me refiero
Una plaga en plena actualidad
Nadie es ajeno a ella
Ataca a todos por igual,
No importa si eres niño
Anciano o adulto ya,
A cualquiera le puede tocar.
Por eso hay que plantarle cara

¡No dejarse acobardar!
La lucha que no peleas,
Nunca la puedes ganar
Tenemos que ser valientes
La batalla es dura
Nadie lo puede negar
Pero vencerlo provoca
Una gran felicidad,
un cambio de valores

Que nos hace madurar
Y darle a todas las cosas
Su justo y valor real

Luchemos pues contra el cáncer
Cada cual en su lugar.
Nosotros con nuestras fuerzas,
Hay quien debe investigar
Poner los recursos necesarios
Para poder avanzar
Y acabar con cada batalla
Que tanto sufrimiento da.
No nos demos por vencidos
Luchemos todos unidos
¡Al cáncer debemos ganar!

No pongas
límites a tu
Felicidad

Cuerpos

Sentir tu cuerpo
Ardiendo junto al mío,
El fuego de tu alma
Quemando mi garganta.
Deseo tu mirada
De silabas encadenadas
Formando una palabra
En mi pecho **tatuada**

Grito al viento,
grito al mar
Susurro al eco de tu olvido
Avivo el calor de un fuego tan prohibido.
Rescátame, Rescátame

Mi corazón se ahoga
Entre lágrimas que lloran
Entre sueños que **zozobran**
Entre risas que naufragan.

Despiértame, despiértame,
Enciende la luz de la verdad.
Bésame con tus labios
Devuélveme a la realidad
Donde las princesas
Tejen con hilos de humildad.

Me duele tu mirada
Me duele tu sonrisa
Tus caricias cicatrizan
La sangre de esta herida.
En mi cuerpo me dejaste
El olor de un amor pasado
Que vive impregnando mi alma.
Que muere cual rocío de la mañana.

Grito al viento, Grito al mar
Susurro al eco de tu olvido
Avivo el calor de un fuego tan prohibido

La felicidad de Paula

La felicidad no va a acabar
Nunca que tú sonrías y rías
No significa que tu sonrías un día
Sino todos los días.
Porque yo todos los abrazos
Los guardo en un vaso
Y después, al siguiente día
Los sueltos por mi ventanilla.
Que tus sueños siempre se cumplan
Siempre que tu sonrías
Cuando te dicen: ¡Buenos días!

Poesía creada por mi hija Paula (7 años)

.

La Felicidad me habla por la expresión de tu mirada

Tu Canción

Existe en tu vida una canción
Que siempre suena interior
Palpitando al ritmo del amor,
Poniendo en tu vida color.

Es la melodía de la vida
Que en ti suena día a día,
Que te transmite alegría,
Que vibras con su **energía**.

No existe letra para tu canción,
Solo debes entender su son,
Tu cuerpo bailará con pasión
Escuchando el silencio de su voz.

Siente en tu vida esta canción
Creada con latidos de tu corazón,
Inspirada en acordes de tu alma
Que tu cuerpo al ritmo **danza**.

.

Nueve meses

Un acto de amor puro
Un canto al futuro
Se divide en dos un corazón,
Una nueva vida grita ¡**aquí estoy**!

No existen contratos,
Ni juicios, ni alegatos,
Escribes un nuevo papel,
Estrenas obra de teatro

¿Dónde está el guion?
No encuentras al regidor.
En la entrada te han dicho
Que tu sola eres el creador

Empiezas a escribir
Hoja en blanco frente a ti
Te comienzas a asustar
No sabes cómo empezar

Las emociones son tu abecedario
Lo que hoy es bueno
Mañana puede ser contrario
Buscas de nuevo en tu glosario

La palabra espera
Entra en tu diccionario

Tu vida se resume
En semanas del calendario
Cuando te miras al espejo
No te ves sola en el reflejo
Te acompaña tu semilla
Tu proyecto de vida

No sabes quién es
Pero tú ya lo has sentido
Ahora es tu protegido
Tu ser más querido

Quiero que seas valiente
Bueno y obediente
Le susurras al oído
De tu felicidad estaré pendiente

Le imaginas, le sueñas
Le mimas, le amas

Un día despiertas
Te llama a tu puerta
Por fin ha llegado
Lo acaricias en tus brazos

Este capítulo ha terminado
Ahora te toca ser madre
No hay nada acordado
Nada es bueno o malo
Ni aprobado ni ensayado
¡Feliz viaje apasionado!

Tu magia es hacer Felices a los tuyos

PENSAMIENTOS

Ideas que dan vueltas en mi cabeza

Las cosas buenas de la vida no deben valer mucho...sólo deben valer la pena

Yo estaba junto a ti. Tú estabas junto a mí.

Los débiles brazos dorados del amanecer te amparaban, comenzaban a despertar tu vida, ¡esa vida solitaria! Sola en este campo de la vida te mostrabas. De entre el terciopelo de tus pétalos, parecían brotar tímidas unas gotas de cristal.

¿Quizá eran tus lágrimas? ¿Quizá era el último vestigio del temprano rocío?

Debías sentirte como una rosa en un desierto.

La dulce brisa matutina zarandeaba tu vistoso arcoíris. Esa paleta de colores tan viva, que con un íntimo rayo de sol, producías un destello deslumbrante. Tu viveza me recordaba sus labios deseosos y jugosos, mi fruta prohibida.

Tu fragilidad acariciaba mi rostro, el frescor de tu tallo, era tu collar de esmeraldas.

En el silencio de la quietud del campo, intentaba oír tus cantos apenados, pero ni siquiera sé si mi presencia te importaba.

Quería explicártelo. Parecías tan suave y a la verdad tan dura.

Te rodeaban las otras, pero tú lindeza superaba cualquier fruto de la tierra.

Tus sentimientos encerrados se mostraban en tus blandas púas, como la crudeza de la vida

¿Por qué le damos más importancia a los datos que a las personas?.

Érase una vez…

Desde que enciendo la radio por las mañanas, observo cada vez con más asiduidad que la vida que nos rodea está llena de datos. Nos hemos acostumbrado a que aquello que no se puede medir, no existe, no le damos identidad propia y lo despreciamos.

Medimos todo, por lo que, de alguna forma, eso nos lleva no solo a hacer la cuantificación si no que inevitablemente, caemos también en la temida comparación.

En el momento en que remuevo el café, ya me he enterado de los datos de las audiencias, de la encuesta de voto, los datos del paro, los datos del crecimiento demográfico, o desgraciadamente, como aumenta el dato de las mujeres asesinadas a manos de sus maridos.

Entonces, y sin darnos cuenta, estamos en la primera hora del día y en nuestra cabeza no paran de golpearnos cifras, y sin casi digerirlas o comprenderlas, nos ponemos a pensar en ellas de forma automática y eso hace que nuestro cuerpo ya empiece a dudar, a de alguna forma, colapsar y querer asimilar.

Pienso que esta sociedad que estamos elaborando, da excesivas importancias a los datos, a un número que parece que nos da información, pero que en sí en un dato vacío.

¿Alguien nos explica que hay detrás de esas cifras? ¿Qué significan?

¿Ayudamos a mejorar el dato? Para mí, estas preguntas están sin respuesta, aunque podría tener un titular-inventado- para ellas:

"Un estudio de la Universidad XXX avala que la gente cada vez tiene más ansiedad y el 50% de la población se auto médica" para sobreponerse en el día a día, incapaz de dar una respuesta a sus sentimientos. La mente intenta correr más que el cuerpo.

Este tipo de noticias son las que escuchamos cada hora... pero ¿contamos la historia de esas personas que están detrás de los datos? A mi juicio, pocas veces. Nos quedamos en la peligrosa senda de la magnificencia de los estudios, pero no profundizamos en ellos. No nos enseñan a ser tecnócratas de los sentimientos y de las emociones.

Las personas, nuestras preferencias, nuestros problemas, nuestra curiosidad se quedan atrás sin darse cuenta. En definitiva, nuestra individualidad se queda vacía para formar parte de una centésima parte de un todo, de un dato, al fin y al cabo

Ahora es la hora de las notas de los niños, y siempre han existido, pero igual debemos también hablar de su grado de madurez, de ayuda al compañero, de psicología emocional, de las veces que se ha reído y ha sido feliz, o de veces que pidió por favor ir al baño y dio las gracias.

Es la hora de la política, de las votaciones, pero quizás también debemos explorar qué buscamos los ciudadanos, que escuchen nuestras propuestas, que no desoigan nuestras necesidades, pues al fin y al cabo en el colegio nos enseñan que el poder reside en el pueblo ¿no?

Es la hora de la competitividad, en resumen, pues si no llegas al dato que se espera correcto, no pasas a la universidad, no puedes seguir viendo la serie que te gusta pues las han retirado por no llegar al dato esperado de audiencia, o un niño es más listo que otro porque sabe decir todos los planetas con 3 años y eso está dentro de un 99% de anormalidad.

Es el tiempo de sacar en un periódico los expedientes más altos en la selectividad, algo que me parece fenomenal, pues es un mérito, pero quizá deberíamos darles voz a esos niños que, aun teniendo capacidades, no las aprovechan del todo pues no pueden por recursos, o igual han decidido ser unos buenos deportistas de élite y deben diversificar sus recursos de otra manera,

En definitiva, sólo quiere decir que los datos hablan a veces por si solos, pero demos voz también a los hechos, a las personas o los sentimientos que hay detrás y no hagamos entre todos una sociedad vacía, si no que tenga continente y contenido. Démosles vida a las ecuaciones.

El respeto debería ser
lo primero que se
aprende y lo último
que se olvida

Madre

Madre. No hay más que una...

Creo que no se puede definir con palabras lo que significa ser madre, o la maternidad o el amor maternal.

Es algo que debes experimentar, sentir, vivir y disfrutar. Creo que no se puede definir con palabras lo que significa ser madre , o la maternidad o el amor maternal.

Cada uno ve en su madre o en su maternidad una expresión que para otra persona será diferente, aunque la esencia sea la misma.

Las madres son como los perfumes, pues cada aroma es diferente aunque el frasco a los ojos de la gente es el mismo.

En cada piel la fragancia es diferente, los ingredientes actúan pero el olor es personal e intransferible.

Una madre es una mujer que desde un primer momento te piensa aunque no sepas quién eres, ni quien serás ni como serás.

Desde el primer segundo de su existencia te ha regalado parte de su vida y siente que tú eres el mayor regalo de la suya.

No existe dolor, no existe miedo, no existe egoísmo ,existe un milagro que se llama creación.

Una madre te conoce con solo mirarte, sabe lo que te tiene que decir sin que tú le cuentes qué te pasa, pues la conexión que tiene es como la luna con el Sol.

Creo que la maternidad es como una banda sonora que creas, donde conoces el pentagrama, pero las notas musicales las tocas cada día y vas componiendo tu propia canción.

Esa banda sonora suena en tu corazón siempre, y aunque a veces los acordes no te gusten o pienses que no los has combinado bien, sabes que está hecha con cariño y siempre las podrás reproducir.

Mamá es una promesa de amor, mamá siempre intentará hacerlo lo mejor posible, mamá nunca pone límites ,mamá siempre tiene guardado tu plato favorito.

Las lágrimas de mamá tienen muchos nombres felicidad, angustia, fuerza, amor, cansancio…pero los besos de mamá siempre compensan TODO.

Sólo sé que cuando no sé qué hacer en la vida, estoy confusa, tengo miedo, estos feliz, estoy triste o no sé cómo hacer el pollo al chilindrón. ¿Saben en quién pienso?... EN MI MAMA.

Mamá, te quiero.

4 Elementos

En la vida hay 4 elementos básicos el agua, el fuego, el viento y la tierra que son los pilares esenciales, aunque yo le añadiría otro más, El Amor.

Solo 4 letras encierran el mayor enigma del mundo, el protagonista de nuestros días, el motivo de nuestras risas y nuestras desdichas, la conexión de madre e hijo, la mirada de dos enamorados, protagonista de versos y novelas… y un sinfín de casos.

Sin embargo, algo que es tan importante y que nos ha acompañado desde el origen de nuestra historia, sigue pareciéndonos un misterio sin resolver.

¿Qué es el amor? ¿cómo lo podemos definir? Aunque existe una definición genérica que podemos ver si abrimos el diccionario, sin embargo, es una de las palabras más subjetivas que para cada persona tendrá un significado especial.

Ese significado viene derivado de la experiencia que cada uno tenga de sus vivencias sobre el mismo, pues, aunque parece que todos seamos capaces de encontrarnos el amor en nuestra vida, dependiendo de nuestra etapa del camino, lo afrontamos de diferente forma.

Creo que el amor es algo que no se puede definir, es algo que trasciende de nuestro entendimiento, pues es lo que mueve el mundo, o por lo menos, debería moverlo.

El amor hace que nos sintamos vivos, que anhelemos escuchar las palabras de nuestro ser querido, que sintamos que tenemos una mano en la que apoyarnos, que tengamos el aliento necesario cuando tenemos miedo, o que esa mirada te penetre y te exprese más que mil te quieros.

El amor es el protagonista de las vidas de las personas, aunque muchas veces no le damos su papel, y se queda con un papel de reparto que intenta arreglar situaciones que nos empeñamos en complicar.

Un acto de amor nos trae a la vida, el amor se guarda en nuestro corazón que es el motor de nuestras vidas, el amor lo buscamos incesantemente a lo largo de nuestra vida, por amor hacemos las mayores locuras y por amor se muere. Por amor nos sentimos jóvenes, pues el amor no entiende de edades y por él, se ganan batallas y se pierden tronos y por el también sufrimos.

Entonces, algo que se supone es un ingrediente de felicidad con un sabor dulce, otras veces tiene el sabor de la amargura.

Son las dos caras de una misma palabra, por lo que un día creo que no es suficiente para celebrar algo tan sencillo y tan complejo. Algo que San Valentín tira con sus flechas parece simple y divertido, pero dependiendo como se tiren las fechas y cual sea la intención, el amor tendrá un sentido u otro.

Ojalá, el AMOR fuera más fácil de escribir, de entender, de vivir, de practicar. Ojalá el amor fuera un sutil pañuelo con olor a rosa que nos acaricia la piel, pero a veces ese pañuelo secará las lágrimas que nos producirá ese mismo AMOR.

Vive el amor, siéntelo, acarícialo, disfrútalo, mímalo, difúndelo, exprésalo, cómetelo, pero lo más importante, el primer amor es hacia uno mismo, pues no puedes regalar lo que no conoces.

Si criticas, serás criticado;
si juzgas, serás juzgado;
Si dañas, serás dañado;
Ama, respeta, ayuda y
serás AMADO

Entrevista con el miedo

-Buenas noches, ¿Me conoces?
-Sí, demasiado.
- ¿Por qué dices demasiado?
-Porque todos los días creo que te siento un poquito.
-Y ¿Qué sientes cuando me tienes cerca?.
-Siento que invades mi terreno.
-Explícamelo mejor.
-Siento que mi corazón encoge, que estomago se comprime y que se me nubla la mente
- ¿Tanto poder tengo?
-Sí.
-Y cuando vengo a verte, ¿los demás me ven?
-Depende del momento, intento esconderte, pero a veces saben que estás ahí
-Y ¿por qué lo saben?
-Porque mi cuerpo reacciona y me tiembla la voz o me sudan las manos o quiero llorar.
-¿Y cómo sabes que voy a aparecer en tu vida?.
-Porque me palpita el corazón y en mi mente tu nombre resuena.
- ¿Y qué harías si yo no te viniera a visitar a menudo?
-Sería más firme en mis decisiones
- ¿Y qué más?
-A veces tomaría otros caminos
- ¿Qué es lo que más te da miedo?
-Que vengas y a sentirme insegura.
- ¿Como te gustaría sentirte siempre?

-Alegre, que nada cambie mi rumbo, que sea capaz de enfrentarme a las situaciones.
- Te veo tan segura, que... ¿para qué te hago falta entonces?
-Ahora que lo dices, no lo sé. Supongo que me agarro a ti como excusa para no tomar mi responsabilidad.
-¿Cómo podrías arreglar eso?. Me refiero a no estar en tu vida si no me quieres
- ¡Déjame pensar! Creo que debería respirar profundo y concentrarme en el momento presente
- ¡Qué gran idea!
-Y… ¿Qué más?
-Sentir que todo tiene solución, que, aunque me equivoque o fracase, también habré aprendido
- ¿Me quieres decir algo más?
-Gracias por estar ahí, pero creo que ahora te conozco mejor y puedo seguir sin ti
- ¿Y si vuelvo a verte?
-Te reconoceré y sabré decirte adiós
-De acuerdo, esto suena a despedida. Buenas noches

Porque los milagros existen

No nos damos cuenta muchas veces porque nos atragantamos con la vida segundo a segundo.

No vemos, no sentimos, no escuchamos, estamos en modo de hibernación consciente, que nos permite deambular, pero de una forma automática.

No nos damos cuenta de que nos rodea la magia, que nosotros mismos lo somos, pero es increíble cómo estamos tan dormidos, que parece que vivimos en un sueño programado.

Tantas veces oigo la frase, es que no tengo tiempo, no pudo, no llego, no me alcanza….

Quizá sea verdad que no disponemos de ese bien tan preciado, o quizás perdemos segundos de nuestra existencia en fragmentos improductivos. Pero el tiempo no nos regala los momentos, los tienes que vivir tú, los tienes que crear tú.

Si pudiéramos palpar los minutos, si los pudiéramos guardarlo en los bolsillos, creo que viviríamos de un modo diferente. Si pudiéramos tener una caja donde guardar el tiempo y cuando la hubiéramos llenado por la mitad, viéramos que nos falta poco para colmarla, creo que seriamos más conscientes del regalo que tenemos.

A veces tenemos que rebuscar en nuestro baúl y sacar todo lo que no nos vale, lo que nos hace este viaje más pesado y dejar espacio libre para todo aquello que nos haga sentir felices. Nuestro vuelo tiene un máximo de equipaje facturable. Es más fácil viajar solo con nuestro equipaje de mano. No pasa nada por tener billetes low cost, porque seguro que volamos más cómodos.

Es curioso que intentemos recopilar, almacenar, coleccionar cosas materiales, cuando lo que de verdad vale la pena, es todo aquello que el día que te bajes del mundo en la parada del silencio, te saca una sonrisa a borbotones.

Ahora mismo, mientras escribo esto, me viene a la mente el día que mis hijos sonrieron por primera vez, ese día que bailé con mis amigas hasta el amanecer, el día que una compañera te dice, ¿Sabes?, voy a ser mamá,

Madre mía, qué maravillosa es esta vida, qué instantes nos brinda, qué milagros se producen a diario a la vuelta de la esquina, pero creo que el mapa que tenemos, no nos ha enseñado a mirar con los ojos del alma.

Y un día, sentada en el borde de tu butaca piensas... Si pudiera dar para atrás el reloj…cuántas cosas cambiarías. Un día pensé, si sostienes tanto el pasado y te aferras a él, ¿con que manos agarras el futuro?

Te has dado cuenta de que el parabrisas del coche es diez veces más grande que el retrovisor. Pues lo podemos aplicar en nuestra manera de conducir por la vida.

A tu reloj le das cuerda para que camina hacia adelante, no queremos relojes que nos hablen del pasado.

Llega un día que sobre tu maleta te pones a observar el escenario donde estás metida, donde has creado tu película y ves un detalle que siempre habías pasado por alto porque siempre ibas con más revoluciones de las debidas.

Pero eso que has visto, te deja impactada, no sabes cómo has podido seguir adelante sin haberte percatado que algo que antes no destacaba, hoy brilla. Lo coges de esa esquina oscura, lo mimas, y lo llevas siempre contigo.

Lo sacas cada rato de tu bolso y aunque es algo que no parece frágil, tienes miedo de perderlo, aunque os acabáis de encontrar.

Te saca una sonrisa, pones cara de enamorada cuando lo ves, te intentas explicar de repente muchas cosas, sientes paz en tu mente.

De momento no se lo quieres enseñar a los demás, porque quizá ellos no den valor a aquello que tu ni siquiera sabes muy bien que es o como explicarlo. Lo que si sabes es que sientes que has despertado, que la vida ahora tiene otro sentido.

Lo mejor es que todos, todos tenemos algo que brilla en una esquina de nuestra vida, que nos sonríe cada día, pero que nosotros no sabemos ver hasta que te sientas en tu propio patio de butacas.

Preferimos no verlo, no oírlo, no sentirlo, porque tenemos miedo a lo desconocido, a salirnos del guion. Puede que el guion se nos dé escrito, pero el director de esta historia eres tú.

Tú sabes que la función dura un tiempo, que tu escenario puede ser más grande o más pequeño, con mayor o menor decorado, con un reparto limitado, pero quien tiene el poder de volverlo a escribir eres tú mismo.

Quizá lleve mucho tiempo cambiar los personajes, cambiar el vestuario, traer nuevas maletas, nuevos paisajes. Quizás has cambiado de registro y al principio tu gran obra fracase hasta que un día alguien se levanta de su butaca para aplaudirte.

Pero si te bebes el tiempo a pequeños sorbos mientras reescribes tu guion, un día ves que ese tachón oscuro que hiciste sobre el papel fue el mejor regalo que te pudieron hacer.

Esa mancha, hizo que sacaras nuevos folios, que aquel drama se convirtiera en una comedia y que esa ilusión y esa fuerza con las que dabas tu nuevo trazo, sonaran a carcajadas en tu teatro.

Busca aquello que te haga brillar de nuevo, pues como dijo Queen, el espectáculo deber continuar.

Si hoy tuvieras que empezar de cero ¿Cómo llamarías a tu nueva película? La mía sería, **un nuevo despertar**

.

¿Y si nos hiciéramos adictos a la Felicidad?

Gea

-¡Siguiente!
-Dígame, por favor, experiencias pasadas.
-Participé en las cruzadas en la Edad Media para recuperar la tierra prometida, luego fui un monje con voto de castidad y pobreza, para luego pasar a ser combatiente en varias guerras, siendo las última la Segunda Guerra Mundial, donde me mataron en una trinchera.
-De acuerdo, esta vez contará con dos armas poderosas para librar la batalla más difícil de su vida.

Nunca volvió a mear de pie

Máscaras

Y de repente le cogió la mano, era la primera vez que Anna tocaba una mano tan suave y robusta.

Sus rostros estaban tapados con máscaras y portaban grandes pelucas. Ella pensaba que era la primera y última vez que su mano plebeya estaría tan cerca del príncipe.

En aquel baile de disfraces todos aparentemente eran iguales entre las paredes de palacio. Los nobles como el pueblo debían mantenerse en silencio para no delatar su origen.

Anna observaba cada detalle con la inocencia de una chica de 17 años, elegida entre los habitantes de su aldea. Todo un honor para la hija del posadero ser invitada a tan magno evento donde las puertas de palacio se abrían a diez elegidos.

La madre de Anna había cosido día y noche el disfraz de su hija empeñando el brazalete su boda para poder adornarlo con las mejores telas y conseguir la máscara de porcelana que sólo dejaba ver el azul intenso de sus ojos.

Las lágrimas de Anna corrían dentro de su máscara, pues no quería despertarse de aquel sueño de una noche.

Y de repente, le cogió la mano de nuevo. Su corazón palpitaba fuertemente dentro de aquel corsé que le cortaba la respiración. El príncipe la levantó la máscara y le secó las lágrimas.

Tus lágrimas sonaban más fuerte que tus palabras prohibidas. Te entrego mi pañuelo como prenda de mi amor hacia ti. Te he esperado siempre y por fin te he encontrado.

Su sueño nunca terminó.

Y si no tuvieras
miedo...¿lo harías?

Karma

Cuando me desperté, me di cuenta de que estaba en un tren camino a un lugar que parecía no conocer. El paisaje me agradaba. Estaba tranquila, no sentía dolor alguno y viajaba rodeada de gente que esperaba su estación.

En el reflejo de la ventana no me reconocía, pero sabía que era yo porque recordaba esa maleta roja que tenía sobre mi falda. Cuando la abrí sentí su aroma familiar y vi que portaba todos mis recuerdos, mis experiencias, mis miedos mis anhelos y mis sueños realizados y olvidados.

Mis manos encontraron un sobre muy desgastado. Extraje la carta y entonces supe que era mi letra. Esbocé una sonrisa de alivio, pues por fin me iba a encontrarme con **EL**.

Sentí que el camino escogido nuevamente no iba a ser fácil, pero el aprendizaje era intenso. Esta vez EL tenía que guiarme y yo sólo tenía que dejarme llevar, fluir sin querer ir a contracorriente.

De repente, se acercó a mí un señor de aspecto sereno. Me sonrió y me dijo:

-Esta parada es la suya. EL la está esperando.

-¿Cómo sabré que es EL?, pregunté yo. - **Tú serás EL**. Buen viaje

Pronus dulcis

Aquí estamos de nuevo juntos, mi Rosuca, bajo este sol de marzo en los campos de nuestro pueblo, bajo el almendro que plantamos como señal de nuestro amor.

Como bien dijo Machado "Hoy bajo este almendro florido me he parado a meditar, pues nuestra juventud vivida, ¡quién te volvería a soñar¡"

Siempre me decías, querida Rosuca, que nuestro amor perduraría toda la vida, y aquel día que tu padre accedió a nuestra unión, plantamos este almendro, ya hace 20 años, quien ha sido testigo de nuestro amor, nuestros miedos, nuestros encuentros furtivos, de nuestra vida y de nuestros frutos, a los que llamábamos almendrucos, ¿Te acuerdas Rosuca?, ¡pero qué guapa estabas el día que nos casamos ¡

El primer día que te vi en la botica de tu padre, creí que había visto un ángel, pues tu belleza serena me impactó y esa mezcla de dulcera y timidez, todavía hacía que me atrajeras más.

Tu padre no quería que me atendieras y yo siempre hacía porque me prepararas ese aceite de almendras que tan bien me venía para curar mi piel.

Me quedaba embelesado mientras lo envolvías en papel de estraza, con aquella fragilidad en tus dedos, que parecía que me envolvías tu corazón en cada paquete que me preparabas.

Lo dejabas en el mostrador, con la mirada tímida, tus mejillas sonrojadas y tu pelo ensortijado, mientras me regalabas una sonrisa que iluminaba tus ojos.

Y aquí traigo hoy uno de esos frascos que tan bien me servías, y que utilizábamos para mandarnos mensajes ocultos a los ojos de las **miradas indiscretas**.

Todavía recuerdo el olor que desprendía cada vez que lo abría, que parecía asomarme a la ventana del edén. Debajo de cada tarro, te pegaba unos pequeños versos, unas veces improvisados, otras veces copiados, te confieso.

Y entre visita y visita, noches de tímidos besos, poemas escondidos y sonrisas tímidas mientras envolvías mis ungüentos, pasaron años donde mi corazón solo latía a tu son.

Nuestra noche de bodas vinimos aquí, a dejar el ramo de flores en esta tierra para honrar la memoria de tus antepasados y como símbolo de nuestra feliz juventud. Sembramos el fruto de nuestra unión para que aquel almendro que naciera fuera fuerte y sano, con sus mejores flores y su mejor aroma.

Y la vida nos bendijo con nuestros frutos, nuestras preciosas hijas gemelas, aunque el destino quisiera que sólo nos acompañara una en nuestro camino.

Siempre me decías que a veces **los almendros dan un fruto amargo** que puede tornarse venenoso y que el destino había querido que pasáramos por esa situación.

Sé que en ese momento no estuve todo lo cerca que hubiera querido, pero no fui capaz de tolerar ese dolor tan inmenso, no fui capaz de expresar el dolor que salía de mis raíces y sentí como te marchitabas día a día sin tu fruto.

Tu sonrisa apenas iluminaba tu rostro y tu expresión era marchita, parecía que el verano ya no visitaba tu alma y vivías en un invierno que no te dejaba estar en flor. Tu rosa piel, se había apagado.

Y aunque teníamos nuestro retoño, por el que teníamos que luchar y seguir adelante, ya no volvimos a ser los mismos, el viento que zarandeaba nuestras ramas resonaba con una canción más triste.

Perdóname por no haber sido el compañero de vida que quizá esperabas o por no haberte sabido expresar mi duelo y hayas sentido que nuestro árbol no luciera con las más bellas flores como te merecías.

Y ahora estamos aquí, de nuevo, a solas tú y yo, donde me dijiste que querías que te trajera como último deseo.

Han pasado 20 años desde que plantamos este almendro como señal de nuestro amor y es aquí donde descansarán tus cenizas, pues nuestras almas siempre estarán juntas.

Cuando él apartó con sus manos la tierra para plantar un nuevo almendro junto a sus cenizas, que recordaría a su mujer y su hija unida para siempre, sus lágrimas empezaron a brotar .Había algo enterrado y aquel olor le era familiar. Sacó una caja antigua que abrió y vio uno de aquellos frascos que les habían servido cono paloma mensajera. Lo desenvolvió y pudo ver como tenía una tarjeta. Era la letra de su Rosuca, que le había dejado un último mensaje.

"Ahora sé que me devolverás a la tierra que me dio la vida y me uniré al fruto de nuestro amor. Ahora me toca cuidarle y reunirme con él y sentir su calor. Cuida de nuestro almendruco, dile siempre todo lo que le quise y perdóname por la sobreprotección que la di que hizo que yo llegara a enfermar.

¡Os quiero!, siento que vuelvo a nacer."

Y arrodillado esparció las cenizas de su Rosuca. **Sus almas quedaron en paz.**

Lo más complejo es ser sencillo
Sencillamente sé tú mismo

Érase una vez. ...El pájaro PIOALTO

Había una vez un pequeño pájaro que estaba siempre triste porque no podía cantar tan alto y bonito como lo hacían sus hermanos.

Él siempre se quedaba callado cuando todos los demás pájaros piaban al amanecer, por lo que el pequeño Pioalto cada vez quería salir menos del nido y no tenía muchos amigos.

Pioalto sentía que su música estaba dentro de él, pero su voz era tan diferente, que su miedo a no ser como sus compañeros, le hacía quedarse mudo a lo largo del día.

Su mamá le daba cobijo bajo sus alas y le animaba a diario a que piara todo lo alto que pudiera, pero Pioalto solo podía pensar en decir:

-No puedo.

Un día, estando en su nido, vio una ardilla que estaba perdida por su rama y que lloraba desconsolada porque no encontraba a las demás ardillas de su grupo.

Pioalto quiso ayudarla, pero enseguida se acobardó, pues creyó que si voz no sería lo suficiente potente para avisar a la familia de la ardilla que se encontraban muy lejos.

La ardilla se acercó al pájaro y le pidió que le echara una mano y encontrara a sus padres mientras volaba por el bosque para divisarlos.

Pioalto la vio tan triste y sola que en seguir emprendió el vuelo para poder comenzar la búsqueda. Su voz brotaba alta y las ardillas enseguida fueron en búsqueda de su pequeño.

Pioalto se sintió tan alegre que empezó a piar sin parar y la ardilla le agradeció que le hubiera **ayudado** a poderse reunirse con su familia.

Sin embargo, Pioalto supo que el verdadero agradecido fue él, pues nunca había dejado aflorar su voz. Desde ese día, el pequeño pajarito es muy feliz y ameniza las mañanas con su canto

.

El valiente Valentín

-Buenos días, tu nombre es Valentín, ¿verdad? y vives en Castellón.
-Exacto.
-Valentín, se ha apuntado a una oferta de trabajo como Comercial para una empresa de prestigio Internacional. Cuénteme su experiencia profesional.
-Llevo 5 años colaborando con Medicus Mundi en Pawe, Etiopia, luchando contra la ceguera. Una experiencia impagable que me ha hecho estar preparado para todo tipo de situaciones laborales y personales.
-¿**Tu sueldo Valentín**?
-Creo que no me entendió bien, era voluntario y mi mejor gratificación era la sonrisa de mujeres y niños que podíamos ayudar.
-Lo siento Valentín, no cumples con el perfil requerido.
-¡Siguiente!

¿Has fracasado alguna vez?
Es tu primera lección para llegar al éxito

En cuerpo y alma

Mis dedos recorrían aquella cicatriz que rodeaba mi corazón. Es curioso como la herida estaba en mi piel, en mi cuerpo, pero también había traspasado hacia un plano más interior, había penetrado en mi alma.

Cuando cerré la puerta de aquel hospital tras escuchar la palabra Cáncer, la sensación que invadía mi cuerpo se llamó miedo, terror, desesperación por enfrentarme a lo desconocido. De alguna manera estas emociones llegaron a la creación de algo mayor llamado culpa. **Me culpé** por todo lo que pude hacer y no hice y de todo lo podría pasar y quizá no vería.

No podía entender como una enfermedad que se manifestaba en mi pecho me estaba mostrando una raíz más profunda que debía escuchar y resolver.

Comencé a valorar un regalo que acababa de descubrir llamado presente, el cual me ofrecía una visión nueva, una versión en la que yo era una Heroína y no una víctima y donde cada día luchaba para derrotar unas células que se habían vuelto contra mí en mi cuerpo.

Cada segundo era un regalo, cada segundo era una razón para seguir, cada segundo me quería más y quería superar todo lo que implicaba la palabra **Cáncer**.

Me miraba al espejo y la imagen que me devolvía era diferente, mi pecho ya no estaba allí, esa piel que me había acompañado 40 años, me había abandonado.

Pensé que la vida me quería robar, pero aprendí que también me había regalado una nueva oportunidad. Mi alma también se había curado.

Recordatorio

Al cabo del día tenemos la oportunidad de cruzarnos con mucha gente, de observar varios escenarios de nuestra vida, de hablar, de sentir.

Sin embargo, muchas veces, a pesar de tener todos los sentidos puestos en esta vida, no apreciamos ni nos damos cuenta de todo lo que nos rodea, nos mostramos insensibles a la naturaleza existente.

Esto provoca,que no creamos que somos seres perfectos, que todos estemos conectados y que no vivamos desde la emoción.

Al perdernos este milagro, perdemos la oportunidad de crecer para centrarnos en aspectos negativos como los miedos, ansiedades, críticas.

Nuestra energía es perfecta, nuestro pensamiento es la primera fábrica de nuestras acciones, por lo tanto, cuidemos por favor nuestras intenciones.

Usémosla para querernos a nosotros mismos y derrochemos amor a los demás, aunque sea una sola sonrisa.

Todos debemos ayudarnos, que la vida es más fácil de lo que porque todo lo que damos lo recibimos y que todo lo que no regalamos, no es perdido.

NO pierdas tus sueños, piensa en grande, en positivo y sabiendo que debemos abrir más los ojos y que sentir la leve brisa del mar en tu rostro es de por si un regalo

Vive la vida con calma;
No te estreses, sé feliz;
Es un buen consejo,
que todos debemos seguir

Érase una vez… El viaje de mi nueva vida

Estaba sentada delante de él. Era imponente. Me quedé mirándolo unos minutos, mientas consumía mi último cigarro. Pisé aquella colilla, repitiéndome una y otra vez que aquella era mi oportunidad, el comienzo de mi nueva vida. De repente sentí la fuerza necesaria. Cogí aquella mochila que había tardado 10 años en llenar y corrí hacia el barco que ya daba su último aviso para zarpar. En aquella huida mis lágrimas se fueron secando. Eran lágrimas de felicidad.

Por fin había sido capaz de seguir mis instintos, tomar las riendas de mi vida y vivir la aventura que siempre había soñado.

Había pasado tanto tiempo desde que quise iniciar este viaje, que, por momentos, pensé que me había olvidado y que se había convertido en una ilusión perdida en un cajón.

El coraje era el único acompañante en esta nueva vida. Sentí la brisa del mar y sonreí. **Me sentía libre y volvía a sonreír**.

Aquel país me esperaba para iniciar mi mayor proyecto, ser madre soltera.

En mi interior había existido un vacío que nadie había podido llenar. Había disfrutado de vida de éxitos empresariales, materiales, banales. Aquello no me devolvía la paz.

Entendí entonces que tenía que empezar una nueva etapa y emprender el viaje de mis sueños.

Metí la mano en mi bolsillo y saqué un pequeño chupete. Esperaba que aquel nuevo tratamiento diera sus frutos y poder crear algo tan bonito como es una nueva vida.

Érase una vez... Cuando los recuerdos valen más que el dinero

Sofía se encontraba sóla en su cafetería preferida. Estaba absorta, mirando por aquellas grandes cristaleras mientras agarraba fuertemente una caja que cabía entre sus manos. Aquella pequeña caja contenía tantos recuerdos que intentaba visualizarlos todos a la vez, pero tenía que parar para secar sus lágrimas.

Sólo habían pasado unos días de su pérdida, pero lo suficiente para que cada miembro de su familia hubiera decidido tomar caminos diferentes. Sofía solo quería que todos los juntos hubieran honrado la memoria de su abuela, valorando todo el amor que ella fue capaz de entregar, sus vivencias, sus sacrificios personales, sus recuerdos.

En aquella cafetería, cuando era pequeña, su abuela le daba las mejore de sus meriendas, la contaba sus mejores cuentos, que luego descubriría eran historias reales inspiradas en su vida.

Su abuela provenía de una buena familia pero había vivido constreñida la mayor parte de su vida, obligada a vivir la vida que los demás querían que viviese. Ella acató durante muchos años los deseos de los demás, siendo hija, madre, esposa cumplidora, anfitriona de las mejores fiestas, amiga fiel y excelente ama de casa.

Sin embargo, un día decidió que ya era el momento de escapar de su jaula de oro, de perdonarse cada día sin buscar la aprobación de los demás y huyendo de su reprobación. Quiso emprender el viaje a la felicidad y Sofía fue su cómplice.

Sofía era el espejo de su abuela, tenía el mismo brillo en sus ojos, las mismas ganas de vivir y pensó que la mejor herencia era enseñarles una visión de la vida donde ella pudiera ser su dueña, sin límites y de espalda a las críticas. Viajaron juntas, aprendieron, sufrieron y rieron. No desaprovecharon ninguna oportunidad de aprender.

Su abuela le había traído una preciosa caja de las Indias y le pidió que recopilara todas las vivencias, olores, recuerdos, sonrisas en aquella caja y que esa fuese la mejor herencia que podría recibir. Sólo abrir esa caja, suponía un gran dolor, pero la gran recompensa de saber que su abuela había hecho que su vida fuera maravillosa.

La pasión por la vida había hecho que su familia le diera la espalda y sólo esperaran el fatal desenlace para acaparar sus bienes, sus joyas su dinero. En definitiva, todo lo que para Sofía era carente de valor.

Sofía cogió una servilleta y escribió: "**Gracias Abuela por cada momento vivido**. Nunca podré agradecerte tanta riqueza". Lo guardó en la caja y sonrió.

Compartir y agradecer,
la mejor práctica
para crecer

Érase una vez… La Bella Somnolienta

¿Quién no ha soñado con ver a su príncipe azul venir cabalgando sobre su caballo y rescatarnos de todos los peligros que nos acechan y con un simple beso despertarnos de un mal sueño…?

Muchas soñamos despiertas con ser la protagonista de uno de esos episodios y caminar toda la vida sobre rosas, con vestidos de princesas y al abrigo de un fiel caballero que nos cantará bajo los árboles de palacio, pero de vuelta a la realidad, la historia difiere un poco de la que nos contaba nuestra madre en el cuento "**La Bella Durmiente**".

Iniciamos una nueva vida, con nuestro compañero de viaje y tenemos que enfrentarnos diariamente a muchas "madrastras", brujas que nos quieren envenenar, ruecas peligrosas… pero lo que está claro es que el cuento lo vamos escribiendo a diario, imponiendo siempre una sonrisa.

Cuando nos convertimos en madres, a veces nos lo pintan como un cuento de hadas… y aunque en su mayor parte es así, a cada "princesa" se le exigen muchos requisitos que en los relatos nunca los leían.

Las princesas del Siglo XXI deben estar preparadas para días de 30 horas, ser unas perfectas amas de casa, perfectas esposas y amantes. Ser una trabajadora ejemplar y ser la mejor madre del mundo. Tenemos que llegar a casa después de una jornada de trabajo de 10 horas e intentar estirar los minutos que estamos con nuestros hijos borrando el sentimiento de culpa que a veces nos domina.

Tenemos que estar estupendas después de los embarazos, tener la casa de portada de revista y a ser posible ir a la moda. Debemos aparentar con las demás madres que nuestra vida es de color de rosa y que nuestros hijos saben tres idiomas con tres años.

Todo esto a un ritmo frenético, sin tener un minuto para sentarse y reflexionar, sin tener un minuto para a veces levantar la mano e intentar quejarse de un sistema cada vez más individualista, sin tener un minuto, en definitiva, para una misma, pues tu misma te diluyes en ese ajetreo queriendo **llegar a TODO**.

Madrugamos, dejamos la comida hecha, las mochilas de los niños, la ropa preparada, nos transformamos delante del espejo para sacar nuestra mejor imagen en la empresa. Llevamos a los niños al colegio, esperamos en atascos, estamos al 200% en la oficina, volvemos a recoger a los niños, hacemos los deberes y con la mano que nos queda planchamos, lavamos y montamos un teatro con nuestros hijos… cerramos el día con los baños, las cenas y todavía nos queda un resquicio para encender el portátil y terminar un trabajo para el jefe.

Cuando el reloj va a dar las 12:00, miras a tu príncipe que está al lado tuyo en el sofá, que también ha tenido que "galopar" en su jornada, con el que te comunicas a veces por WhatsApp más que verbalmente y te da un beso. Ese beso te despierta del sueño de tu frenético día y te recuerda que tu madre te debía haber contado el cuento de la "Bella somnolienta".

Érase una vez…La rutina

Cuando a veces me preguntan qué es la rutina yo siempre respondo que es escuchar el mismo anuncio en la radio en el mismo punto kilométrico cada mañana.

Eso significa que tu despertador suena a la misma hora, tardas los mismos minutos en desayunar, incluso en maquillarte, cierras la puerta cada mañana en el mismo instante que la cerrase ayer o lo cerrarás mañana.

La rutina es quizás, nuestra "**zona de confort**", esa capacidad de dejar pasar los días sin esforzarte en vivir para llevar la contraria a tu propia existencia.

Por rutina te despiertas a la misma hora, te vistes con un mismo estilo, desayunas en tu misma taza, oyes la misma emisora, eliges el mismo camino, el camarero te pregunta "¿lo mismo de siempre?".

Debemos probar a despertarnos cada día como si nos regalaran una nueva oportunidad, como un respiro de aire fresco que convierta nuestra rutina en un nuevo renacer.

Reinventarnos cada día, mirarnos al espejo y probar con ese rojo carmín, con ese vestido que sacan todas las temporadas, pero que termina arrinconado en el fondo del armario, con sonreír al vecino que siempre evitas, con darle una oportunidad a tu corazón o simplemente darte el corte de pelo que llevas pensando desde la temporada pasada.

Debemos vencer a la rutina, darle luz a cada minuto de nuestras vidas y proyectar nuestras ilusiones día a día. No debemos apagar nuestra luz interior

Si quieres que tu globo vuele alto, debes soltar peso

Érase una vez... La mujer de las mil caras

Cerré la puerta del coche, cogí los papeles de la reunión con rapidez y me dirigí corriendo hasta la oficina.

De repente, el semáforo se puso en rojo. Tenía un minuto por delante para pensar en mi exposición, en organizar mi agenda, pensar en el disfraz de mi hija, ayudar a mi amiga con su boda, planificar las vacaciones de mis padres.... Cuando, repentinamente, desperté de mis pensamientos. Mi teléfono se acababa de caer al suelo. **Mi día empezaba mal, estaba perdiendo el tiempo**.

Cuando lo fui a recoger, vi mi imagen reflejada en el espejo de un escaparte. Por un momento, me quedé paralizada, como si no fuera capaz de reconocer la imagen que tenía frente a mí. Seguí avanzando, seguí observando, mientras escuchaba un silencio atronador en una calle llena de bullicio.

Sentí, como no me sentía desde hace mucho tiempo, que estaba cara a cara conmigo misma y me sentí extraña. Veía un rostro apagado, quizá agotado, con el pelo alborotado y un gesto que denotaba una vida de vértigo.

Quizá, me había olvidado de ser yo misma para convertirme en la mujer que todos los que me rodeaban querían que fuese. Me había convertido en la protagonista de una película donde no era yo la directora, solo la intérprete de las mil caras. Un esfuerzo diario para ser la mejor madre, la mejor trabajadora, la mejor esposa, la mejor hija, la mejor amiga, la mejor consejera... Pero y

¿YO misma? ¿Estaba escribiendo yo mis propios renglones del guion?

La del espejo era YO. El reloj seguía corriendo, pero sentí que el tiempo se había detenido, el mundo se había frenado y YO decidí bajarme en esa parada.

-María, hoy llego más tarde a la oficina.

-¿Le ha ocurrido algo?

-No, simplemente tengo que recoger unos nuevos papeles.

Metí el móvil en el bolso, me pinté los labios y sonreí. Me habían dado el papel de mi vida. Interpretaría mi nuevo papel a partir de hoy. El tiempo por primera vez jugaba a mi favor. Me despedí de aquel espejo con mi mejor cara. **El semáforo se acababa de poner en verde**.

Érase una vez… La manzana imperfecta

Hoy estaba en el supermercado, cuando vi cómo dos niños pequeños ayudaban a la madre a coger las manzanas. Ellos estaban felices y cogían las que sus dedos podían sostener, sin prejuzgar. Cuando el niño metió una de las manzanas en la bolsa, su madre se la volvió a sacar. La niña observó y le preguntó a su mamá porqué lo hacía y la respuesta que obtuvo fue que esa manzana no era bonita, no era como las demás, **era diferente e imperfecta**.

Yo me quedé mirando aquella escena y me hizo reflexionar, pues esa simple acción puede hacernos llegar a crear una verdad tan absoluta como incierta.

Al final, en nuestras vidas, observamos todos los días, como lo que no está dentro de su orden, forma o concierto es diferente. Ser diferente entraña una barrera y esa barrera hace que apartemos lo que a simple vista nos hace emitir un juicio de valor escaso.

Mucha gente se siente como la manzana de esa caja, quizá diferente del resto, no tan roja, no tan bonita y encerada a primera vista. Pero esa manzana fue elegida por la inocencia de una niña. Para esos ojos puros, todo era igual, ni siquiera la había probado para poder decir que no le gustaba, pero se la arrebataron.

Cada vez más nos quedamos con la primera impresión, que cada vez más ahoga la autenticidad de las cosas. Se juzga y se prejuzga como si tuviéramos verdades absolutas en vez de cooperar, escuchar e integrar.

No puedes separarte de la mayoría, expresar tus gustos, vestir diferente, pensar diferente, sino que parece que seguimos a la masa porque si te sales del rebaño, nunca encontrarás tu camino, nunca te dejarán caminar solo sin superar los obstáculos. Esos obstáculos además no son materiales, no los ves solo los sientes a través de la gente, impredecibles por lo que no podemos atajarlos hasta que se nos presenta.

Entonces volví a mirar aquella manzana que había sido apartada por tener una forma diferente en su apariencia y la rescaté de aquella caja. Corrí detrás de la niña y le dije que se había olvidado SU manzana. La niña esbozó la mejor de las sonrisas y la expresión de sus ojos fue mi mayor regalo mientras me decía: **ERA MI MANZANA PREFERIDA. GRACIAS.**

La realidad comienza en tu mente
¿Quieres cambiar la realidad?
Cambia ya tu mente

Cobardes

¿Me estás acosando?
Sólo te diré dos palabras,
-Cobarde, cúrate.

¿Me estas acusando?
Sólo te diré tres palabras.
-Cobarde, cúrate pronto

¿Me odias?
Sólo te diré cuatro palabras
-Cobarde, quiérete mucho mas

¿Me estás amenazando?
-Mi silencio será lo que no quieras oír

Posdata: Te deseo feliz viaje fuera de mi vida.
.

Concertina

El silencio era tan agudo que se podía escuchar lo que gritaban aquellas almas a las que habían robado su paz.

La noche había hecho acto de presencia, los motores se habían apagado y con ellos, la esperanza de los 150 corazones que latían débilmente sobre aquella barcaza destartalada.

La sal se pegaba a nuestros cuerpos, no quedaba ningún alimento sólido y el poca agua se nos había caído por la borda en un intento por **sobrevivir**.

Nuestras mentes solo podían recordar las lágrimas de nuestra familia, la que dejábamos atrás. El calor de sus besos contrastaba ahora con una fría realidad, la de habernos convertido en una suerte de refugiados o de inmigrantes ilegales, dependiendo del papel que nos quisieran otorgar.

Nos teníamos que acostumbrar a nuestra nueva situación, impuesta y disparatada, donde al final de nuestro nuevo camino nos recibirían con unas grandes espirales de alambre que nos hacían recordar de nuevo, que daba igual lo que fuéramos o quisiéramos ser, pues no íbamos a ser bien recibidos.

De repente, el silencio se tiñó de gritos de dolor que habían sido acallados bajo mantas y sábanas. Apenas veía nada, pero supe reconocer ese quejido que parecía partir en dos el cuerpo de una mujer .Sus rezos en esa noche fría, aportaban el calor necesario. Nació detrás de 149 espaldas inmóviles, pero haciendo frente a la vida.

Como un rayo de esperanza, el olor a vida superaba al de la muerte. La llamaron Concertina.

Los príncipes también se tiran pedos

Puede ser una reflexión loca, pero si lo pensáis mientras leéis esto, creo que os puedo ver esbozando una sonrisa.

Y estaréis diciendo. Pero las princesas también ¿no?.

Obviamente, os contesto, pero en este caso quiero hablar del género masculino.

En realidad, no me gustaría hablar de ninguna especie o clasificación, pero la sociedad en la que nos movemos es lo que estipula.

Mujeres a la derecha, hombres a la izquierda, hombres en el piso de arriba, féminas en el sótano.

-Oiga, que yo quiero ir al ático, que desde allí las vistas son mejores (mujer hablando).

-No queda sitio, siga intentándolo. (hombre hablando y a veces otras mujeres también).

¿Qué me están intentando vender?.

Como siempre dice mi madre, "parece que me quieren hacer comulgar con ruedas de molino".

Quizá no quiera tragarme por más tiempo esta rica oblea.

Y entonces comienzas a buscar en las bibliotecas de la vida, versiones mejoradas de los cuentos ya inventados.

Comienzas un periodismo de investigación y encuentras preguntas con tanta fuerza como ¿Son los hombres mejores en matemáticas?.

Claro, con estos raciocinios, pues te desmoralizas y tiras la toalla.

Te das cuenta de que en los cuentos de "siempre" el príncipe siempre iba a por la princesa y ésta estaba esperando con pajaritos en la cabeza y una felicidad desmedida mientras soñaba con su amor.

Entonces me compré una estantería, de estas baratas, vamos de Ikea, que me la compré yo, la monté yo y por supuesto quedó mal. (En este punto quizá si necesite de mi príncipe…)

La quise llenar de nuevos relatos donde la Cenicienta se va a las 11:00 a su casa porque echan su serie favorita, o Blanca Nieves se compra una máquina de coser y pasa de la rueca o Rapunzel se hace un nuevo corte de pelo estilo pixie y deja tirado al pesado que se quiere colgar de su pelo, que ahora encima es de color rosa Unicornio.

Y un día me di cuenta de que ambas colecciones (las tradicionales y las modernas) eran compatibles, que todas las versiones eran válidas.

El problema estaba en la teatralización de estas, en el sentido que le estamos dando, porque no estamos integrando con libertad las páginas. **No todo es blanco o negro, puede haber matices**.

Cuando queremos realizar una nueva edición más ajustada a los tiempos que corren, la sociedad nos lleva a la casilla de salida pasando por la cárcel y sin tus puntos.

Grandes mujeres consiguieron reinar en sus civilizaciones, pero eran como fuegos artificiales que después se perdían en la historia.

Volvía un hombre con su nueva partida y borraba lo anterior, hacía un corta pero no pega y volvía a escribir su historia. Y aquella mujer quedaba sólo en la Wikipedia de la vida, como una pieza perdida del eslabón. Como una súper mujer que consiguió algo que nunca podía conseguir.

Llego a la conclusión que hombres y mujeres estamos hechos, por lo menos, físicamente, para complementarnos.

Por lo tanto, creo que tienen que cambiarnos el prototipo de príncipe y el de princesa, para pasar a ser una pareja que trabaja en equipo, que comparte sus tareas, que tanto monta monta tanto Isabel como Fernando.

Que cuando pongamos el telediario, el que salga una noticia de una chica siendo pionera en algo o realizando una hazaña, no sea tal, sino que sea como el que oye el pronóstico del tiempo para el fin de semana.

No es cuestión de iguales, pero diferentes, diferentes peros iguales.

Cada uno tendrá sus virtudes y sus defectos, pero todos caminamos por el mismo sendero. Es decir, el castillo de La bella y la bestia está registrado a nombre de los dos.

Y si la cenicienta quiere quedarse sola y abandona a las brujas de sus hermanas para irse a vivir a un loft, lo debemos respetar.

Y si al bello durmiente le quiere despertar un príncipe vestido de terciopelo verde, pues los enanitos deberían aplaudir.

En la biblioteca del mundo deberían existir un extenso catálogo de variedad, donde todo sea respetado y donde todo estuviera conectado.

Yo no entiendo que la historia de las mujeres sea borrada por hombres y viceversa, si no que existiera una paridad en TODO.

Al final, después de tantos millones de años que dicen que estamos sobre este trozo de tierra, los cuentos que nos cuentan no han cambiado mucho.

Debería sonarnos como muy lejano las lacras de esta sociedad, como cuando a alguien le hablan de la peste. Te preguntas ¿Pero no existe ya una vacuna?

Todavía no existe vacuna para machismo, violencia de género, bullying, techos de cristal, brecha salarial…

Igual es hora de cambiar el disco, de ver la normalidad en lo anormal, de buscar lo mejor para todos, de reescribir los cuentos en comunidad.

Esto no es una pelea, es un trabajo en equipo.

Por eso yo hoy en mi estantería voy a colocar:

"Los príncipes también se tiran pedos"

Una historia nueva, con banda sonora donde yo decido si quiero escucharlo, cerrarle la puerta de mi casa o darle el teléfono de un médico estomacal.

La responsabilidad está en todos.

Todos podemos cambiar la historia, pero muchos en su casa no tienen espacio ni para una estantería.

CRECIMIENTO

Despertando del sueño

¿Sabes qué hay debajo de mi piel?

Me gustaría poder llegar a más gente y conectar con ella y conocer cada pequeña historia detrás de sus ojos, escuchando como late su corazón y sentir como ellos sienten sus deseos y celebran cada paso que dan para conocerse mejor y emprender su viaje a su cima.

Todos tenemos nuestra particular montaña, que divisamos a veces muy de lejos, pero que a veces sin darnos cuenta , escalamos poco a poco disfrutando del paisaje, del ascenso y coronando con una sonrisa y un **grito liberador de energía**.

Otras veces, parece que la montaña es el mayor obstáculo de nuestra vida, que todo nos parece imposible, que nos esforzamos por escalar, pero que lo único que provocamos es estar más abajo y al final decidimos que nuestro sueño de poder ver lo que hay desde arriba nos parece lo más absurdo que hemos pensado nunca y nos alejamos de nuestros anhelos, dando la espalada a lo que representaba nuestra propia felicidad.

Os preguntaréis quién está detrás de estas palabras, qué sentimientos tiene... o por qué lo he titulado¿qué hay debajo de mi piel?. A veces me sentía como una cebolla llena de capas que protegían algo que no sabía muy bien qué era.

A lo largo de los años, a veces sentía que nadaba a contracorriente y que atraía situaciones que no me hacían creer en esta vida, en ese ascenso a mi montaña.

Con el tiempo descubres, que igual todo es más sencillo de lo que parece y que muchas veces, todas las pertenencias que has guardado en tu mochila en el ascenso, supone un peso que no te deja impulsarte. Son mochilas llenas de creencias, negativismo, frustración y miedo que provocan un alejamiento de tu ser verdadero.

Siempre pensaba que naces con tres armas muy poderosas como son tu luz, tu intuición y tu inocencia. Sin embargo, en vez de potenciar tus armas y sentirte unido a tu YO y a los demás, nos vamos separando, queriendo apagarnos, desoyendo nuestra voz interior y aprendiendo conductas como la frustración o la ansiedad.

Emprendes entonces un camino más ligero, estableciendo una hoja de ruta que TU eres capaz de entender, y con la alegría de saber que ese camino es el que quieres.

A veces te sientes como en un cruce de caminos, donde no sabes cual escoger y te sientes perdido y con temor a equivocarte. Pero debéis saber que **NUNCA** es una equivocación, pues cualquier senda os ayudará a conoceros mejor, Una de ellas te llevará a un lugar en el que no quieras estar y eso te ayudará a saber que debes volver de nuevo a tu camino, con una lección y un aprendizaje que te hará ver con claridad lo que queréis.

Yo elegí que quería a la vez que yo voy a aprendiendo, serviros de guía en vuestro camino, ayudaros con herramientas que yo veo útiles y sentir que voy de vuestra mano por el camino elegido.

Bajo mi piel hay un sentimiento de mejora continua, de exploración diaria a lo que quiero ser a lo que quiero llegar a ser. Bajo mi piel hay un proceso de "despertar" a emociones positivas que hacen vibrar mi YO con el tuyo con el simple fin de ayudar y ayudarnos.

Bajo mi piel hay una sensación de aportar ilusión, vitalidad, y una expresión de aliento de TU PUEDES ¡TU PUEDES CON TODO!

¡SUPERATE y HAZ QUE TUS SUEÑOS NO SOLO SEAN SUEÑOS, SI NO REALIDADES QUE PUEDAS PALPAR CON TU PIEL;

La piel al fin y al cabo es un órgano que apenas le damos importancia, pero piensa que ella te habla, te transmite siempre que tiene miedo, está emocionada, está enferma o está espléndida.

Espero que os sean útiles mis reflexiones y que, igual que cada vez que escribo, mi piel se eriza con cada emoción, os pueda transmitir mi sentimiento de fuerza, ayuda y energía positiva.

Escúchate y Emociónate.

¿Cuál es tu enchufe?

Hoy en día, realizamos el gesto de poner a cargar nuestros aparatos móviles por lo menos una vez al día.

Siempre estamos pendientes de que nada se nos quede sin batería, que nada nos deje desconectados , pues parece que nos provoca una sensación de vacío.

Miramos nuestro móvil más de 100 veces al día ¡y nos preocupa más la energía de cualquier aparato que la nuestra propia.

Y TÚ… ¿Compruebas cómo están tus baterías día a día?¿reparas unos minutos en tu jornada para preocuparte por lo que te "recarga" tu día ? Nosotros también necesitamos nuestro enchufe, nuestra dosis de energía que nos recargue nuestras pilas , nuestros **SUEÑOS** en definitiva.

Mi enchufe es pensar que cada día aprendo algo nuevo encaminado a perseguir mis objetivos y ver como mi camino se ilumina peldaño a peldaño ¡¡hasta llegar a cumplir mis sueños!!

¡¡Busca tu enchufe!!, preocúpate por ti, quiérete, mímate y recarga tu alma con energía positiva!!.

¿Sigues pensando en tus límites?

Muchas veces nos auto limitamos y no creemos en nuestras posibilidades, siendo nuestra propia barrera.

Otras veces, somos la limitación de las personas que nos rodean y no les dejamos evolucionar, frenando sus sueños.

Si las aves en sus movimientos migratorios se permitieran tener miedos y pensar que sus alas no soportarían sus largas rutas, la naturaleza se pararía. La naturaleza no se frena, el sol siempre saldrá, aunque las nubes le oculten, la hierba crecerá bajo tus pies y el otoño desnudará los árboles para luego vestirlos con amor.

TU eres parte del universo, eres perfecto, confía en ti, saca tu fuerza interior, no tengas miedo.

Descúbrete ,eres energía, fluye, sé feliz y comparte... ¡¡¡**Tú puedes con todo**!!!

¿Seguís buscando el camino que llega hasta un lugar llamado "mis sueños"?

Espero que vuestra lucha sea una bonita senda en la que podáis aprender, equivocaros, llorar y reír a la vez y donde podáis mostrar quien sois de verdad.

Muchas veces, crees que debes tomar un camino, aunque nuestro EGO o las opiniones de los demás nos marcan una línea diferente. A veces debemos escucharnos, pues, aunque parezca increíble, nuestra intuición es nuestra mejor hoja de ruta. Lo que ocurre es que nuestros miedos nos apartan de ella y apagamos nuestra voz interior para escuchar a los demás.

Cuando tu vibras con algo, escuchas tu voz, conectas con tu propio ser, te das cuentas de que algo mágico sucede, llegando a no sentir dudas de que todo lo que quieres, simplemente sucederá.

Se tú mismo, se tu versión original y no versiones conductas ni actos con los que no te identifiques. Se auténtico, se feliz y persigue tus sueños, pues la intuición es la voz de tu corazón.

La gente es la proyección de sus pensamientos, de sus paradigmas, en definitiva, de sus patrones mentales seguidos por muchos años por constante repetición.

PERO debes pensar que al final no dejamos de ser etiquetas andantes que se comportan a merced de lo que los demás quieren que seamos.

¿Y si todo fuera más fácil? ¿y si es tu momento y cortas los lazos que te atan a los comentarios de los demás y empiezas a imprimir tus propios pensamientos y hacerlos realidad?.

Lo primero y más importante es quererte tú mismo, perdonarte y evitar todo crítica hacia ti y los demás.

Cuando consigas esto, te darás cuenta de que lo que te haces a ti mismo, lo proyectaras en los demás, en tu nuevo mundo.

A veces toca "desaprender" y crear tu nuevo YO ,llenarte de pensamientos positivos y emprender un nuevo camino donde TU pongas de nuevo nombre a las cosas.

SIÉNTATE en el nuevo coche de tu vida, arranca el motor y empieza a conducir como un principiante sorprendiéndote de todo lo que tocas de todo lo que ves de todo lo que escuchas. Lo más importante es la Ilusión.

.

¿Sabes quién eres?

Espero que hayáis pensado sobre el pasajero que queréis ser en el barco de vuestra vida y el puerto al que queréis llegar.

Aunque parezca ésta una pregunta fácil, conocerás a mucha gente que a lo largo de su vida ni siquiera se formule le pregunta y, por tanto, como no tiene un objetivo definido, tampoco sentirá en mucho de los casos, que haya logrado alcanzar sus metas.

Existe una frase que nos dice, "para aquel que nada busca ,ya llegó". Nosotros queremos dar un pasito más, y salir de una situación en la que literalmente nos decimos:

-¡Me siento bloqueado!

Tu vida se ha convertido en un laberinto, donde encuentras la entrada, pero no ves salida aparente ni luz en el camino.

Pero en verdad, cuando ese laberinto no lo ves con los ojos desde tu altura, sino desde la perspectiva de un pájaro, verás fácil el camino que debemos llevar.

Simplemente , debemos cambiar esa mirada, y creernos que existe una forma de salir de forma victoriosa.

A esto, le llamo "el despertar".

El despertar es volver a mirar con tus ojos, pero con otro mirada.

Una mirada más espiritual, que te permita desaprender unos modelos de conducta que sabes que no te están llevando por tu camino, si no que te ha llevado a "no conocerte" y a perder día a día tu potencial.

Cuando sientes que despiertas, que tu corazón vuelve a latir con fuerza, que sientes energía renovada, verás que el mundo ha cambiado, que la gente que viene a tu vida es diferente y que no remas a contracorriente. Debes darte cuenta de que tú no estás separado de los demás, si no que todos estamos conectados y que la fuerza de la naturaleza es tan perfecta que hizo que tus padres te dieran la vida, o que cada día nos alumbre un sol sin que nosotros estemos pendientes de ello.

Por lo tanto, debes confiar en ti, liberarte de todos los pesos que no hacen si no dañarte y encontrar una actitud ante la vida de agradecimiento diario.

Tú estás en este mundo por algo, por una misión que debes cumplir. Es por ello que debes vivir desde la espiritualidad y del agradecimiento para poder escuchar tu voz interior.

Y todo este cambio se encuentra en tu mente , en tus pensamientos, pues si te das cuentas son el inicio de cualquier acción.

Antes de realizar cualquier movimiento, primero lo has creado en tu mente. Si en tu mente sólo tienes patrones de conducta negativos, miedo, frustración, tus acciones tendrán el mismo signo, atrayendo esta energía y nunca saldrás del bucle sin fin.

Una vez cambies tus pensamientos cambiaras tus conductas, que te llevarán a unos hábitos más saludables y estos te llevarán a un carácter más reforzado en lo positivo.

Tu carácter se notará en tu actitud y ésta te llevará a poder crear una suerte de elementos que, como bolas de un collar, harán que esa joya luzca brillante, diferente y muy atractiva para la gente.

Tu energía cambiará y atraerá todo aquello que necesitas en tu vida. Esto implica constancia, momentos de dificultad puesto que tu mente va a atender a los patrones que ya tenías adquiridos, pues salir de tu zona de confort es complicado.

Tienes que saber que tu cerebro está diseñado para sobrevivir, no pasar ser feliz, A eso debes enseñarle tú todos los días, con tesón, amor y ayuda.

¿Con que intensidad deseas tus sueños?

Imagínate que vas por la calle camino a la tienda , repasando tu lista de la compra y de repente te sorprende una persona que desprende una luz especial y con un sonrisa en la boca te pregunta...

-¿Puedes contarme tus sueños más deseados y puedes explicármelos de tal forma que pudiera verlos como en una película a través de tus palabras?

Estoy segura que en muchos de los casos te quedarías sorprendido y no podrías reaccionar o no te vendrían a la mente todo lo que en verdad está en tu interior. Me atrevo a decir que en muchos de los casos dirías.

-Ahora no puedo, pues me cierran la tienda.

Lo que quiero llegar a decir, es que el motor que debería mover tu vida y tu felicidad, es decir, el lograr tus sueños o metas , muchas veces no tiene gasolina.

Olvidamos llenar nuestro depósito, porque muchas veces hemos perdido el rumbo, el mapa ¡y hasta las ganas de viajar!

¡Despierta!, abre el tarro de tus deseos, con la felicidad con la que un niño destapa el tarro de las galletas de chocolate . Piensa durante 5 minutos.

Mete la mano en el tarro y, como si de galletas se tratase, piensa con cuáles te gustaría disfrutar. Piensa en quién eres tú, cuál era tu sueño cuando mirabas el mundo con los ojos de un niño y qué es aquello que cuando piensan en ello, tu mundo se para y tus pelos se erizan.

¿Has tenido esa sensación? ¿¿Has disfrutado visualizando esa casa de tus sueños, tu pareja perfecta, tus vacaciones soñadas??.

Si no lo has experimentado, te recomiendo que lo hagas, que vivas ese momento y vivas la emoción. Siente ese brillo en tu mirada cuando lanzas un objetivo al Universo y lo deseas con toda tu alma. No entendemos la vida sin sueños cumplidos, pues nuestra existencia se torna monótona, oscura y carente de sentido.

Vuelve a coger el coche de tu sueño, abre tu mapa y marca tu destino. Haz las maletas con todo lo necesario y ponte tu mejor traje y tu mejor sonrisa. Disfruta de tu merecido viaje y arranca el motor.

Siente la intensidad tu deseo y emprende el mejor viaje de tu vida.

Escribe junto a tu lista de la compra, tus listas de deseos, pues son tan necesarios como los anteriores y nunca sabes en qué lugar puedes encontrarte con ¡**El Mago de tu Vida**!

ENTRENAMIENTO

Un ejercicio…¡que va de cine!

¡Va de cine!

Como final para este viaje, y como etapa final os propongo un ejercicio que va de cine y donde tú eres el protagonista.

Os dejo una reflexión para vosotros, para que os convirtáis en un director de cine que quiere crear la mejor de sus películas.

Si le dedicáis un poco de tiempo, os podéis sorprender a vosotros mismos y pasar un rato divertido con aprendizaje incluido.

Coge tus palomitas, toma asiento y…

¡**Silencio, se rueda**!

LA PELÍCULA DE TU VIDA

¡AHORA TE TOCA SER EL DIRECTOR!

¿Cómo es tu Prota?

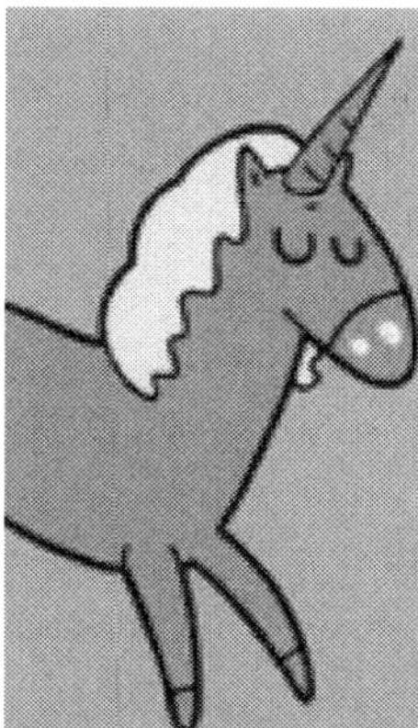

"los malos"

Tus bandas sonoras

Nombres para tu "peli"

¿Qué premios te gustarían?

TROFEO

Cuero de uni-

ALAS

ROSAS

PATAS

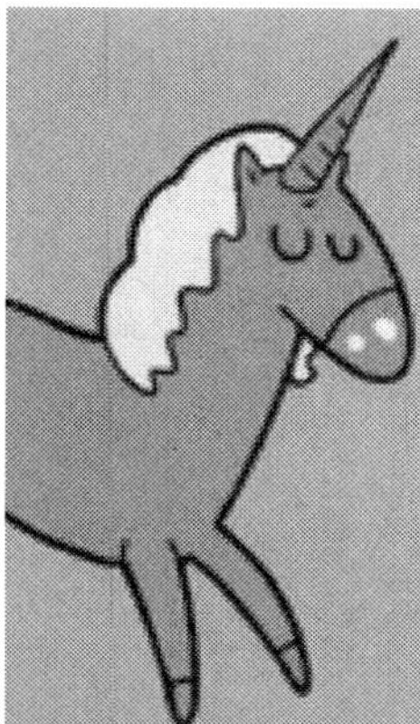

Tus 5 Superpoderes

1 la inbisiblidad

2 super belocidad

3 fuerca

4 trasportacion

5 Bolar

5 finales deseados

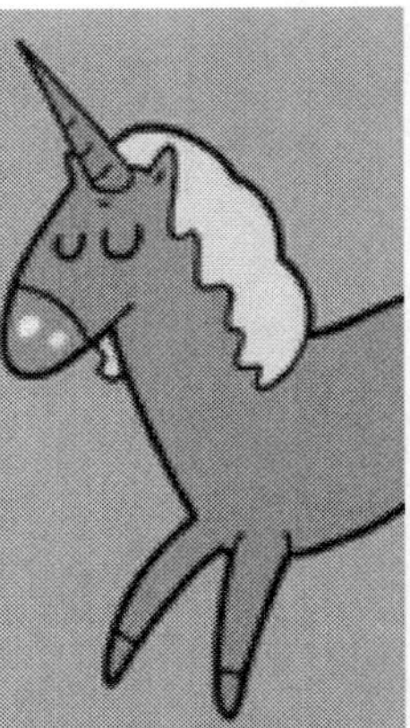

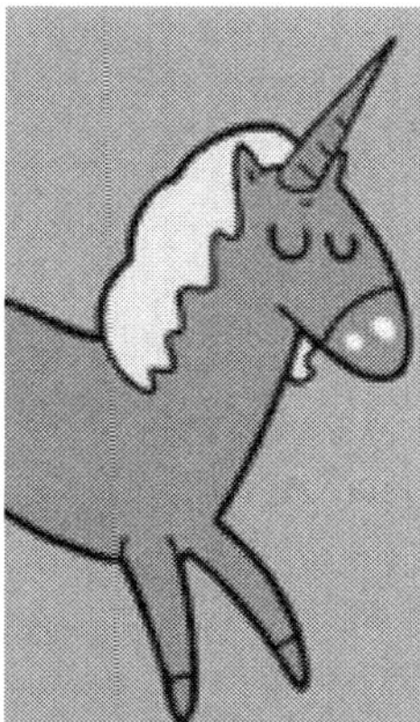

¿Qué valores necesita tu Prota?

Los sueños de tu "Prota"

Los actores secundarios

En la locura también podemos encontrar la genialidad

Este libro es una miscelánea de diferentes elementos que confluyen en un mismo sentido: encontrar la felicidad, dejar escapar mis sentimientos, reflexionar sobre la vida, buscar la verdad interior, el despertar, el caminar hacia tus sueños, el camino del héroe y unos ejercicios al final del libro para darle un toque de humor, que también es importante.

Toda esta mezcla tiene un importante aderezo de locura sana, de magia, belleza, de espiritualidad que está representado en los Unicornios, ¿Por qué? ¿¿Qué hay más bonito que un Unicornio??.

Los diferentes capítulos del mismo son etapas de mi vida que he ido descubriendo con el paso de los años.

Puede que el libro sea un conjunto de muchas cosas, de muchos afluentes que al final acaban en el mismo río, pero entiendo que es el reflejo de mi vida, de mi mundo interior, de mis pasiones y mis aprendizajes.

¿Pues qué sería la vida sin sus fracasos y sus éxitos? ¿sin sus momentos de crisis? Sin esa sensación a veces de equilibrio inestable, de hormonas revueltas, de ir siempre con el reloj dos pasos por delante nuestro.

Hablo de los miedos, de la maternidad, de la tristeza, de la alegría, del desamor, de ser diferente, de atreverse con todo, de aprender a ver la vida con las gafas de color rosa como el unicornio. De vivir y conseguir tus sueños y perseguir tu felicidad.

Y este es el final…

Gracias por llegar hasta aquí conmigo.

Como agradecimiento te dejo una última reflexión.

Te propongo que escribas 5 de tus sueño para que queden aquí guardados.

Yo el primero de mi lista ya lo he vivido contigo. Gracias

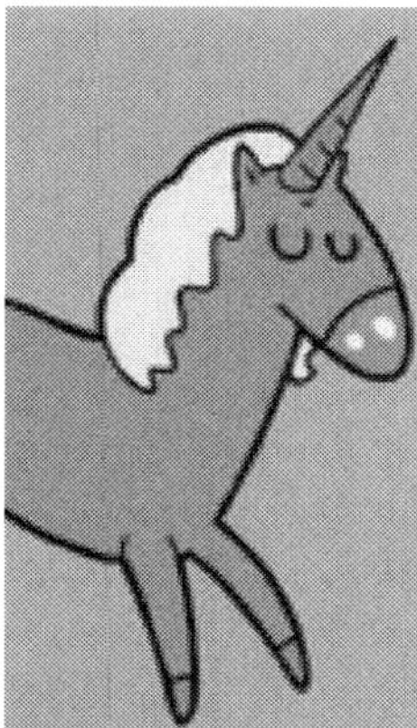

MI LISTA DE SUEÑOS

SUEÑO

SUEÑO

SUEÑO

SUEÑO

SUEÑO

¿Para qué escribo un libro?

Básicamente para demostrarle a mis hijos que si te propones una cosa la puedes hacer, que todos tenemos una misión que cumplir y que **los sueños se hacen realidad**.

Para mí, poder crear este libro es ver uno de mis sueños hechos realidad. Por eso, lo comparto con todos aquellos que un día dijeron:

Hoy apuesto por mí, por ser yo misma, por no dejarme vencer por lo que los demás digan, por desaprender lo aprendido y viajar con una mochila más ligera (y si es rosa mejor) por seguir mi **camino de baldosas amarillas.**

No pretende ser un manual, ni pretende enseñar, sólo son mis reflexiones donde en algún punto os podéis ver identificados o simplemente pasar un rato ameno mientras esperáis al metro, en la cola del banco, en la playa…

Agradecimientos

Agradecer no es simplemente dar las Gracias.

Se le conoce a Cicerón la frase: "la gratitud no es solo la más grande de las virtudes, si no la madre de todas las demás"

La palabra Gracias proviene del vocablo latino "GRATIA", que originalmente significaba "honra o alabanza dedicado a otro sin más razón". Posteriormente, se utilizó para expresar reconocimiento por un favor recibido.

Grandes pensadores nos han dejado frases sobre el agradecimiento o la gratitud:

❖ "La gratitud es un deber que debiera ser recompensado pero que nadie debe esperar la remuneración". Autor: Jacques Rousseau

❖ "A gran corazón, ninguna ingratitud lo cierra, ninguna indiferencia lo cansa". Autor: León Tolstoi.

❖ "Tengo tres perros peligrosos: la ingratitud, la soberbia y la envidia. Cuando muerden dejan una herida profunda. Autor: Martin Lutero

❖ "Demostrar gratitud con moderación es un signo de mediocridad. Autor: Roberto Beningni

❖ "El agradecimiento es la memoria del corazón" Lao-tsé.

También avisaba en el siglo XVII el escritor y moralista francés Jean de La Bruyére, sobre la existencia de algo mágico común a cualquier ser humano con independencia de su raza o clase.

Incluso existe en diferentes culturas ceremonias especiales de Acción de Gracias cuyo origen se iniciaba después de las cosechas como signo de gratitud.

Desde pequeñitos nuestros padres nos enseñan la palabra Gracias, y es de los primeros balbuceos que decimos después de aprender a decir Papá y Mamá o Mío…

Pero más allá de lo que semánticamente pueden decir las 16 acepciones que se registran sobre el vocablo Gracias en el Diccionario de la Real Academia de la Lengua Española, creo que es un sentimiento.

Hay un refrán que nos dicen siempre "**Es de bien nacido ser agradecido**" y creo que es una forma de vivir, de entender la vida.

Es más importante dar que recibir, pues lo que damos nos llega siempre de vuelta. Todos necesitamos de la ayuda de los demás, porque cuando te brillan los ojos cuando agradeces un gesto ajeno, la energía que eso provoca es directamente proporcional al amor que estas generando.

Un regalo de la vida es poder devolver una sonrisa sincera, un favor desinteresado, una palabra reconfortante, un café caliente, una conversación lenta, un beso robado, una caricia traviesa, un plato cocinado con amor, un abrazo generoso, una mirada fiel, un te quiero de corazón…

En nuestro día a día nos olvidamos a veces de esta gran llave que es la palabra Gracias. Nunca debemos olvidar de llevarla dentro pues abre muchas puertas necesarias para transitar por la vida.

Yo quiero expresar mi agradecimiento a todas las personas que han pasado por mi vida porque de todas ellas he aprendido y han servido para que pieza a pieza vaya creando el puzle de mi vida. Las piezas que no han encajado también me han ayudado a saber cuál eran las que si debía quedarme.

Gracias a todas las personas que se hayan encontrado con este libro, gracias a todas aquellas que les pueda gustar, ayudar o emocionar.

Gracias también a los que no les guste, porque me ayudarán a mejorar y seguir creciendo personalmente.

Gracias a todos los que alguna vez creyeron en mí y a los que no creyeron porque me dieron más fuerza para seguir por mi camino.

Como decía Violeta Parra en su famosísima canción:

"Gracias a la vida que me ha dado tanto…"

¿Quién soy yo?

Yo soy Zayra, una chica, (bueno, ya no tan chica) de Santander, que ha vivido así 36 veranos en esta bella ciudad.

Antes de esta obra, he creado dos obras maestras que son mis dos hijos de 7 y 5 años que han supervisado este libro con lupa, y que son mis primeros Fans.

Siempre me atrajeron los cuentos, las letras, la creación y los poemas desde pequeña.

Cuando tenía 6 años creé mis primeras historias que me servían para entretenerme y para crear mi propio mundo.

Con el paso de los años, iba participando en concursos escolares, populares y seguía creciendo mi curiosidad por este mundo.

Aunque mi primera opción fue la de estudiar periodismo, al final acabé estudiando derecho con la idea de ser juez.

Por el camino pasaron tantas cosas, que al final acabé la carrera y tras trabajar de multitud de cosas, acabé dedicando mi vida a los números trabajando en una entidad bancaria.

Tras ser madre, y en los pequeños ratos que tenía, volvía a escribir a sentir de nuevo la pasión por escribir.

Luego vino una época de cambio, de crisis, de crecimiento, como lo queráis llamar, que me tuvo alejada de todo tipo de creación.

Sin embargo, tras estos momentos de inestabilidad, volví a coger el rumbo de mi vida y el viento sopló con más fuerza para seguir mi camino.

Comencé a estudiar coaching, eneagrama y PNL que me ha servido para tener más herramientas a la hora de entender la vida. Ha sido una revolución en mi vida.

Y como la casualidad no existe, si no la causalidad, llegó a mí una carpeta con escritos míos de épocas pasadas.

A eso se le unió una conversación de una tarde de Invierno…y…

Sonaban las campanadas de 2017 y pedí a 2018 un deseo: escribir mi libro. Mi hija tuvo otro deseo, volar en un Unicornio rosa y mi hijo que tuviera mucha Magia.

www.zayra.es
hola@zayra.es

12904978R00095

Printed in Germany
by Amazon Distribution
GmbH, Leipzig